Michael Kempe

# Piraten

Wissen, was stimmt

W0040357

# HERDER spektrum

Band 6114

## Das Buch

Wer hätte das gedacht. Zu Beginn des 21. Jahrhunderts scheint ein Verbrechertyp auf die Bühne der internationalen Politik wie auf die Kinolein-
wände zurückzukehren, der lange als etwas antiquiert galt: der Pirat.
Kommt es zu einer Renaissance der historischen Freibeuter? Taucht der
verklärte Räuber der Meere wieder aus den Geschichtsbüchern auf? Was
hat es mit schillernden Gestalten wie William Kidd oder Edward Teach alias
»Blackbeard« eigentlich auf sich, denen das »goldene Zeitalter« der Piraterie seinen Namen verdankt? Was wissen wir über den Alltag auf den Schiffen solcher Piratenkapitäne? Wie kam es zu jenem romantischen Piraten-
bild, das uns in Abenteuerromanen und -filmen begegnet? Ist der Vergleich
mit den heutigen Piraten, etwa am Horn von Afrika, berechtigt? Sind die
eigentlichen Piraten der Gegenwart nicht die global agierenden Raubkopierer? Michael Kempe gibt sachkundige und spannende Antworten auf die
wichtigsten Fragen.

## Der Autor

Michael Kempe, Historiker, Dr. phil., Privatdozent an der Universität Konstanz. Zuvor an der Universität St. Gallen und am Max-Planck-Institut für
europäische Rechtsgeschichte (Frankfurt/Main) tätig; erforscht seit Jahren
die Geschichte der Piraterie. Seine Artikel erscheinen auch in der *Frankfurter Allgemeinen Zeitung,* der *Frankfurter Rundschau* und der *Neuen Zürcher
Zeitung.*

# Inhalt

**1. Einleitung**     **7**

**»Kehren die Piraten zurück?«**
Mythos und Wirklichkeit der Piraterie     7

**»Wer ist hier eigentlich ein Pirat?«**
Eine schwierige Definition     10

**2. Die Geschichte der Piraterie**     **13**

**»Wie lange gibt es schon Piraten?«**
Piraterie von der Antike bis heute     13

**3. Seeraub, Recht und Politik**     **39**

**»Sind Piraten einfache Kriminelle?«**
Die internationalen und völkerrechtlichen
Bestimmungen     39

**»Macht man mit Piraten kurzen Prozess?«**
Große Piraten vor Gericht     44

**»Beginnt nicht jeder Staat als Räuberbande?«**
Wenn aus Seeräubern friedliche Bürger werden     49

**»Nützt oder schadet der Pirat dem Staat?«**
Zur politischen Instrumentalisierung der Piraterie     52

**4. Leben und Sterben der Piraten**     **57**

**»Kämpfen Seeräuber Mann gegen Mann?«**
Die Realität von Enterkampf und Seeschlacht     57

**»Sind Piraten Freiwillige?«**
Von der Herkunft und der Motivation der Piraten     65

**»Beten Piraten den Teufel an?«**
Welche Rolle Glaube und religiöser Gegensatz
in der Geschichte der Piraterie spielen     69

**»Sind Piratenschiffe schwimmende Demokratien?«**
Wie der Alltag der Piraten aussah      73

**»Ist Piraterie Männersache?«**
Von berühmten Piratinnen      80

**5. Seeräuberei als Teil des Welthandels    85**
**»Warten noch viele vergrabene Piratenschätze auf ihre Entdeckung?«**
Was an der »Schatzinsel« oder an
»Fluch der Karibik« leider nicht stimmt      85

**»Sind Piraten nicht ein Teil des Welthandels?«**
Seeräuber als Global Player      89

**6. Der Pirat als Popstar    99**
**»Gehörten Augenklappe, Holzbein und Papagei wirklich zum Piraten?«**
Wie Piraten aussahen und warum wir sie uns
heute anders vorstellen      99

**»Warum sind Piratenfilme so erfolgreich?«**
Das romantische Bild des Piraten      104

**7. Piraterie heute    109**
**»Warum nimmt die Piraterie wieder zu?«**
Wie Piraterie bekämpft wird und warum
es sie immer noch gibt      109

**»Sind Raubkopierer und Internetpiraten die Seeräuber der Globalisierung?«**
Von virtuellen und politischen Freibeutern      115

**Anhang    119**
Steckbriefe berühmter Piratinnen und Piraten    119
Ausgewählte Literatur      125
Bildnachweise      127

# 1

# Einleitung

## »Kehren die Piraten zurück?«

### Mythos und Wirklichkeit der Piraterie

Wer hätte das gedacht. Im ausgehenden ersten Jahrzehnt des 21. Jahrhunderts scheint ein internationaler Verbrechertyp zurückzukehren, dessen Umtriebe als Geißel der Menschheit für längst überwunden erklärt wurden: der Pirat. Und das ausgerechnet am Horn von Afrika, dort also, wo vor rund dreihundert Jahren schon einmal Seeräuber die ganze Welt in Atem hielten. Kommt es zu einer Renaissance der historischen Freibeuter? Taucht der verklärte Räuber der Meere wieder aus den Geschichtsbüchern auf? Wie auch immer sich die internationale Piraterie künftig entwickeln mag, eins steht jedenfalls fest: Das so genannte »goldene Zeitalter« der Piraterie wird sich deshalb nicht wiederholen, weil es als solches nie existiert hat.

Um keine andere Verbrecherfigur ranken sich bis heute so viele Mythen und Legenden. Das gilt nicht nur für die sagenhaften Raubzüge von schil-

Kein »goldenes Zeitalter«

lernden Gestalten wie Henry Every, William Kidd oder Blackbeard um 1700, denen das »goldene Zeitalter« seinen Namen verdankt, sondern ebenfalls für Störtebekers dreistes Vorgehen gegen die Hansestädte im Mittelalter oder Pompeius' Feldzug in der Antike gegen tollkühne Mittelmeerpiraten. Dementsprechend bemühen sich bis heute Historiker und Historikerinnen aller Länder unermüdlich, Fakten und Fiktionen hinsichtlich der Geschichten berühmt-berüchtigter Seeräuber sauber voneinander zu trennen. Dass sie sich allerdings dabei – trotz aller redlicher Bemühung – meist doch immer nur im Wirrwarr der versponnenen Netze aus Seemannsgarn verheddern, hat verschiedene Gründe.

Zum Teil liegt es daran, dass – bis auf wenige, aber bedeutende Ausnahmen – kaum Selbstzeugnisse von Seeräubern existieren, da die meisten von ihnen weder lesen noch schreiben konnten. Ferner ist es immer schon im Eigeninteresse der an Raub, Plünderung und Mord Beteiligten gewesen, alle Spuren ihrer Verbrechen zu verwischen oder falsche Fährten zu legen. Unser Nichtwissen bzw. lückenhaftes Wissen ist daher nicht zuletzt auch einem »Das-soll-niemand-wissen« geschuldet. Schließlich beruhen etwa unsere heutigen Kenntnisse über die nahezu weltumspannende Seeräuberei an der Wende zum 18. Jahrhundert zum größten Teil auf literarischen Erzeugnissen, in denen Tatsächliches und Ausgedachtes untrennbar miteinander verbunden sind. Wenn etwa in Büchern wie der »General history of the Robberies and Murders of the most notorious

Pyrates« von 1724 neben authentischem Material von verhörten Piraten und Gerichtsprozesszeugen ebenso Ausschmückendes und Hinzugedichtetes verwendet wurde, dann nicht nur deshalb, um die Geschichten besser verkaufen zu können, sondern zugleich, um Unglaubliches, aber Wahres plausibler erscheinen zu lassen. Zu wissen, was stimmt und was nicht stimmt, ist also in Bezug auf Piraten und Piraterie ein schwieriges, aber nicht hoffnungsloses Unterfangen. Immer wieder lassen sich gesicherte Aussagen machen, wenngleich in vielen Fällen eine klare Scheidung zwischen Mythos und Realität wohl niemals gelingen wird.

# »Wer ist hier eigentlich ein Pirat?«

## Eine schwierige Definition

Piraten sind
immer die
anderen

Als Franzosen und Engländer zu Beginn des 19. Jahrhunderts den Nordafrikanern aus Tunis, Algier und Tripolis Seeräuberei vorwarfen, sich dabei selbst aber weder an die eigenen Verträge mit den Bewohnern des Maghreb noch an internationales Kriegsrecht hielten, gab der Bey von Tunis diesen Vorwurf nicht ganz zu Unrecht an die Europäer zurück. Weil sie in das von ihnen beanspruchte Herrschaftsgebiet segelten, bezeichneten Spanier und Portugiesen französische, englische und holländische Amerikafahrer im 16. Jahrhundert als Piraten. Weil sie von den Iberern daran gehindert wurden, in die Neue Welt zu fahren, drehten Franzosen, Engländer und Holländer den Spieß um und hielten ihnen ihrerseits Seeräuberei vor. In der Wechselseitigkeit des Piraterie-Vorwurfs zeigt sich, was die Bezeichnungen »Seeräuber« oder »Pirat« immer schon waren, nämlich Begriffe der Fremdbeschreibung, um die Handlungen und Gewaltanwendungen des Gegners zu delegitimieren und zugleich die eigenen damit zu rechtfertigen, etwa mit Hilfe der Selbstbeschreibung als »Seepolizist« oder »Piratenjäger«. Das hat sich bis heute nicht geändert: Nicht wir sind Räuber und Banditen, sondern die Hochseefahrer internationaler Fischfangflotten, die in unsere Küstengewässer eindringen, um widerrechtlich unsere Fischgründe auszurauben – so argumentieren derzeit viele Somalier, wenn sie der Piraterei beschuldigt werden und sich dabei als selbstorganisierte Küstenschutz-Patroullie verstehen.

In ihrer langen Geschichte lässt sich Piraterie daher häufig als eine Angelegenheit wechselseitiger Beschuldigungen verstehen. Fast immer fehlte eine neutrale dritte Instanz, so dass die meisten Streitfälle durch das Recht des Stärken entschieden wurden und dieser dann über das Monopol verfügte, zu definieren, wer Pirat sei und wer nicht. Solch völlige Willkür wird heute freilich durch multinationale Verträge und internationale Rechtsvereinbarungen wie das 1994 in Kraft getretene Seerechtsübereinkommen der Vereinten Nationen (»United Nations Convention on the Law of the Sea«) verhindert oder zumindest eingeschränkt. Dennoch sollte man sich jederzeit kritisch fragen, *wer* ist es eigentlich, der gerade gegen *wen* den Vorwurf der Piraterie aus *welchen Gründen* erhebt, um zu verhindern, dass man allzu schnell diese Etikettierungen als objektiv gegeben hinnimmt.

# Die Geschichte der Piraterie

## »Wie lange gibt es schon Piraten?«

### Piraterie von der Antike bis heute

Oft ist Piraterie als »zweitältestes Gewerbe« der Welt bezeichnet worden. Wagt man den Versuch einer kurzen Geschichte dieses Gewerbes, dann ist zunächst zu bedenken, dass einem die Bezeichnung »Piraterie« als abwertende Fremdzuschreibung ständig und in ganz unterschiedlichen Zusammenhängen begegnet. Erschwerend kommt hinzu, dass unsere heutige völkerrechtliche Definition von Piraten als Personen, die auf hoher See aus Eigennutz Gewalttaten gegen Personen oder Eigentum begehen, ohne hierzu von einer anerkannten Regierung ermächtigt worden zu sein, nur sehr bedingt auf die lange Geschichte solcher Zuschreibungen angewandt werden kann. Legt man – mit aller Vorsicht – diese allgemeine Definition zugrunde, dann erscheint die Geschichte der Piraterie zunächst nicht viel mehr zu sein, als eine bloße zeitliche Abfolge von aufflackernden Verdichtungen seeräuberischer Aktivitäten, die an verschiede-

Das »zweitälteste Gewerbe der Welt«

nen Orten der Welt auftauchen und wieder verschwinden. Etwa so, als ob man die Grafik der International Maritime Organisation aus dem Jahr 2008, welche die »Hot spots« weltweiter Piratenüberfälle anzeigt, mit einem Zeitraffer bis in die entferntesten Zeiten zurücklaufen lassen würde. Schaut man jedoch genauer hin, indem man den Blick auf die wirtschaftlichen und politischen Funktionen des Seeraubs und seiner Bekämpfung richtet, ergeben sich gewisse Muster und Strukturen, die sich in veränderten Formen wiederholen. So lässt sich die Pirateriegeschichte der Menschheit in mehrere Epochen einteilen.

**Mythologische Ursprünge**

Immer wieder findet sich bis heute die Behauptung, Piraterie sei im frühen Altertum nichts Verwerfliches, sondern – im Gegenteil – etwas Hel-

**Hochrisikogebiete weltweiter Piraterie-Aktivitäten 2008. International Maritime Bureau**

DIE GESCHICHTE DER PIRATERIE

denhaftes gewesen. Schon bei Hugo Grotius, dem großen Theoretiker des modernen Völkerrechts aus dem 17. Jahrhundert, liest man, Homers »Seid Ihr Räuber?« sei eine freundschaftliche Frage gewesen, und gemäß Justin habe Seeräuberei bis zur Zeit des Tarquinius (der Sage nach der letzte König Roms, † um 495 v. Chr.) als etwas Ruhmvolles gegolten. Etwas Heroisches scheint auch im griechischen Begriff »peiratés« anzuklingen, der sich von »peíra« (Probe, Versuch) ableitet und damit einen Räuber bezeichnet, der es immer wieder aufs Neue wissen will und die Herausforderung sucht. Hingegen relativieren neuere Forschungen das bis in die Gegenwart vorherrschende Klischee vom heldenhaften Ursprung der Piraterie und weisen darauf hin, dass in den homerischen Epen zwischen Heroen und Piraten unterschieden und Seeräuberei missbilligend dargestellt wurde. Vieles deutet darauf hin, dass schon in den Bezügen der frühen Antike zur Seeräuberei immer etwas mitschwang, was eine Unrechtsbeziehung assoziierte. So zitiert auch Grotius einige Verse bei Homer (Odyssee XIV, 85–88), in denen auf Piraten und Räuber verwiesen wird, die sich beeilten, ihre Schiffe mit dem Erbeuteten zu beladen, um rasch nach Hause zurückzukehren, weil sie die Strafe der Götter fürchteten.

**Piratenvölker**

Abgesehen von der Rechtsfrage lassen sich bis in die älteste Zeit menschlicher Überlieferung zwei Formen von maritimer Gewaltanwendung und Beutenahme unterscheiden. Zum einen werden seit dem so genannten »Seevölkersturm« im östlichen Mittelmeer um etwa 1200 v. Chr. immer wieder verschiedene Völker genannt, die als Gemeinschaft insgesamt vorrangig vom Seeraub lebten. Gezählt werden dazu etwa in der Antike die griechischen Phokaier oder die Kilikier aus Kleinasien, die von den Römern erst 67 v. Chr. durch einen von Gnaeus Pompeius organisierten Feldzug bezwungen werden konnten, oder im Mittelalter die fast ganz Europa mit Plünderungszügen heimsuchenden Normannen oder Wikinger. Zum anderen waren es immer wieder sehr kleine, regional engräumig agierende Personengruppen, die Raubüberfälle zur See in sehr begrenztem Umfang und auf bestimmte Zeiten beschränkt unternahmen. Oft waren es Bauern in Zeiten von Missernten oder Fischer während der Laichsaison, die ihren Erwerbsausfall kompensierten, indem sie Schiffe überfielen, später aber wieder zu ihrem eigentlichen Gewerbe zurückkehrten. Beobachten lassen sich solche Ausprägungen saisonaler oder episodischer Piraterie als subsidiäre Erwerbsform nicht nur im europäischen Raum, sondern auch in Asien an der langen Küste Chinas, wo seit den ersten chinesischen Dynastien einheimische Fischer in den fangfreien Sommermonaten Boote ausrüsteten, um an den Küsten zu plündern und Handelsdschunken zu überfallen.

**Seeraub als Nebenerwerb**

Lange Zeit blieb die Grenze zwischen Seekrieg und Seeraub fließend. Spätestens aber nach dem Ende der Perserkriege (ca. 450 v. Chr.) setzte mit dem Aufstieg Athens das Bemühen ein, Piraterie wirksam zu bekämpfen, um den Handel auf dem

**Zwischen Seekrieg und Seeraub**

Meer sicherer zu gestalten. Allmählich entstanden Normen zwischen den Mächten, durch die Piraterie als Straftat verurteilt wurde. Die damit einhergehende Verrechtlichung kriegerischer Beziehungen führte dazu, dass römische Juristen der spätrepublikanischen Zeit Kämpfe gegen Piraten nicht als Kriege, sondern als »Polizeiaktionen« ansahen. Das imperiale Rom instrumentalisierte den Antipiratenkampf zur Delegitimierung äußerer Gegner wie innerer Opposition. Aus der Seeräuberbekämpfung leitete man in der Kaiserzeit das Selbstbild als starke politische Autorität ab. Wie problematisch aber eine solche Unterscheidung zwischen Krieg und Raub letztlich blieb, belegen die Worte von Augustinus (354–430) aus »De civitate Dei« (4.4). Dem Kirchenvater zufolge habe der von Alexander dem Großen gefangene Erzpirat Demetrios auf dessen Frage, warum er das Meer unsicher mache, geantwortet: Warum werde ich, weil ich es mit kleinen Schiffe tue, Pirat genannt, und Du, König, weil du die Erde mit Heerscharen unsicher machst, Imperator?

Nachdem bis zur Spätantike immer deutlicher eine Grenze zwischen Krieg und Piraterie gezogen wurde, begann sich die Piraterie im Mittelalter ihrerseits in eine legale und eine illegale Variante aufzuspalten. Im lateinischen Mittelmeerraum, insbesondere in den mächtigen Handelsstädten Genua und Venedig, bezeichnete man maritime Raubfahrten, die mit einer obrigkeitlichen Lizenz legalisiert wurden, als Piraterie *in cursum* (wörtlich: »in rascher Fahrt«). Aus die-

**Illegale und legale Piraten**

sem Ausdruck entwickelte sich später dann der Begriff des *Korsaren* sowie des *Kaperfahrers* für den nordeuropäischen Raum. Im Unterschied zum Piraten, der gänzlich auf eigene Rechnung fuhr, besaß der Kaperfahrer oder auch *Repressalienfahrer* eine rechtliche Vollmacht zur privaten Seebeutenahme. Dass offiziell eingesetzte Seebeutefahrer immer wieder dazu tendierten, sich in autonom agierende Seeräubern zu verwandeln, zeigen bereits an der Wende zum 15. Jahrhundert die so genannten »Vitalienbrüder« (möglicherweise von Viktualien = Lebensmittel). Zunächst im Einsatz als Blockadebrecher für Stockholm gegen die Belagerung durch dänische Verbände verselbstständigten sie sich später – unter Anführern wie Gödeke Michels oder Klaus Störtebeker – zu unabhängigen Raubfahrern, die zeitweise fast den gesamten Handelsverkehr der Nord- und Ostseeschifffahrt lahmlegten.

**Pirat – Repressalienfahrer – Kaperfahrer – Freibeuter – Korsar**

Die seit dem Mittelalter in ganz Europa gebräuchlichen Marke- und Repressalienbriefe (engl. »letter of marque«, »letter of reprisal«, franz. »lettre de marque«) sowie die Kaperbriefe (engl. »commission«, franz. »lettres de commission«) schufen einen legalen Rahmen für private Seebeutenahme. Mit Marke- oder Repressalienbriefen erhielt eine Privatperson (etwa ein Seehändler) von ihrem Souverän die Erlaubnis, Angehörige einer anderen Nation zu schädigen, um den Schaden, den sie von einer Person dieser Nation erlitten hatte, zu kompensieren. Im Unterschied zur Fehde blieb die Entschädigungsleistung nicht auf den Schädiger beschränkt, jedoch auf die Höhe des entstandenen Schadens.

Demgegenüber verpflichtete der Kaperbrief eine Privatperson allgemein zur Schädigung eines Gegners ohne Beschränkung der Höhe der Beute. Die Träger solcher Dokumente wurden im Hanserecht des 15. Jahrhunderts »Utligger«, »Uttligere« (Auslieger) und »Kapvarer« genannt. Im Flämischen und Holländischen lässt sich die »kaapvaart« ebenfalls bis in diese Zeit zurückführen. Während es für den Repressalienbrief irrelevant war, ob zwischen den betroffenen Nationen Krieg oder Frieden herrschte, wurden Kaperlizenzen zumeist im Kriegsfall erteilt. Rechtstechnisch gesehen handelte es sich bei dem Marke- oder Repressalienbrief um eine hoheitliche Vollstreckungserlaubnis privatrechtlicher Forderungen, bei dem Kaperbrief dagegen um die Übertragung kriegsrechtlicher Vollmachten vom politischen Souverän auf Privatpersonen. In beiden Fällen bezeichnet man die für legal erklärte Seebeute als »Prise« (engl. »prize«). Für den deutschsprachigen Raum ist dieser Begriff mit dem Ausdruck »prinsen« in einem Protokollerlass (Rezess) der Hanse mindestens auf das Jahr 1435 zurückzuführen.

Vom Kaperfahrer (engl. »privateer«, franz. »capteur« oder »armateur privé«, span. »armador«) schwer zu unterscheiden ist der *Freibeuter* (engl. »freebooter«, ndl. »vrijbuiter«). Letzterer segelte zwar häufig ohne offizielle Dokumente, wohl aber mit hoheitlichem Auftrag oder zumindest staatlicher Duldung. Handelte es sich bei den Schiffen der Repressalienfahrer zumeist um bewaffnete Kauffahrteischiffe, wurden die Schiffe der Kaperfahrer und Freibeuter meist allein zum Zweck des Seeraubs ausgerüstet und fungierten gewissermaßen als private Kriegsschiffe. Davon unterschied sich der Pirat oder Seeräuber (im 16. Jahrhundert noch »Meerräuber« genannt) dadurch, dass er über keine solchen obrigkeitlichen Lizenzen verfügte, sondern auf eigene Faust und unterschiedslos Beute machte. Sowohl der Pirat als auch sein legaler Bruder, der Kaperfahrer, konnten im romanischen Sprachgebrauch als »corsaro« (ital.), »corsario« (span.) oder »corsair« (franz.) bezeichnet werden.

Darin zeigt sich bereits, dass in der Praxis alle genannten Unterscheidungen unscharf blieben. Englische Beutefahrer des 17. Jahrhunderts, »privateers« genannt, entsprachen vom Profil her eher dem Kaperfahrer, wurden aber zumeist mit »letters of marque« oder »letters of reprisal« ausgestattet. Letztlich blieb die Frage der Rechtmäßigkeit abhängig von der Sichtweise der Beteiligten.

Englischer Beutefahrer (so genannte »Sea-Dogs«) unter Elisabeth I. (1533–1603) wurden von den Spaniern als Piraten verurteilt, ganz gleich ob sie Kaperlizenzen besaßen oder nicht. Entsprechende Rechtsdokumente sorgten jedoch für eine Anerkennung der entwendeten Güter als legitime Beute (»gute Prise«) im Heimatland oder halfen beim Weitertransport des Erbeuteten in Drittländer oder durch (neutrale) Zwischenhändler.

Im Unterschied zu Europa entwickelte sich auf der anderen Seite des eurasischen Kontinents kein vergleichbares Kaperwesen. China verzichtete weitgehend auf eine maritime Expansion. Dementsprechend waren obrigkeitlich lizenzierte Seebeutefahrer von geringerer Bedeutung als bei den Europäer, die von der Iberischen Halbinsel ab dem frühen 15. Jahrhundert immer weiter in unbekannte Meere vordrangen. Stattdessen konzentrierte sich das Reich der Mitte auf den asiatischen Binnenhandel. In der Folge waren es die Nomaden der Steppe und nicht Seeräuber, welche für China die größte militärische Bedrohung darstellten, da sie das Reich immer wieder in größeren Eroberungszügen durchstreiften. Die piratischen Aktivitäten beschränkten sich dagegen vorrangig auf saisonale Küstenräubereien, so dass es zunächst zu keiner Entwicklung der Piraterie im großen Stil kam.

Mit dem Ausgriff europäischer Seemächte nach Amerika und Ostindien dehnten sich ab dem beginnenden 16. Jahrhundert die Aktivitäten europäischer Seeräuber im Westen bis an die Küsten der Neuen Welt und im Osten bis ins Südchinesische Meer aus. Seefahrer aus Frankreich, England und Holland widersetzten sich dem Vorherrschaftsanspruch der Spanier und Portugiesen auf weite Teile der außereuropäischen Welt. In einer Mischung aus Seeraub, Schmuggel und Handel beteiligten sie sich als *Handelskorsaren* am Wettlauf um Machtansprüche und Handelsmonopole in West- und Ostindien. Seebeutefahrer wie François le Clerc (wegen seines Holzbeins »Jambe de Bois« genannt), die Engländer Richard Hawkins und Francis Drake oder Piet Heyn aus Holland dienten ihren jeweiligen Souveränen in Paris, London oder Amsterdam als Pioniertruppe exterritorialer Machtausdehnung. Während sie auf diese Weise den Atlantik in einen Schauplatz seekämpferischer Auseinandersetzungen zwischen den konkurrierenden Europäern verwandelten, war die Lage östlich von Afrika noch komplizierter. *Kaufmannskrieger* der englischen und niederländischen Ostindien-Kompanien führten einen permanenten Seebeutekampf mit den Portugiesen, mussten dabei aber fürchten, von einheimischen Händlern aus Persien oder Indien als Piraten identifiziert zu werden. Damit liefen sie Gefahr, ihre Handelsniederlassungen (Faktoreien) in Ostindien unter dem Druck der Einheimischen wieder zu verlieren. In jedem Fall aber sorgten französische, englische und holländische Korsaren dafür, dass lizenzierter und unlizenzierter Seeraub im 16. und 17. Jahrhundert interkontinentale Ausmaße annahmen.

### Handelskorsaren und Kaufmannskrieger

In der frühen Phase der europäischen Auseinandersetzung um die Eroberung einer neuen Welt ging es weniger um Kolonisierung als um Handel, Plünderung und Beutenahme. Je nach Bedarf und Situation wurde entweder gehandelt, geschmuggelt, erpresst oder geraubt. Diego Ingenios etwa ließ 1528 in La Rochelle eine Galeone ausrüsten, um an der Nordküste Südamerikas den dortigen Bewohnern Woll- und Seidenstoffe zu verkaufen sowie nach Perlen zu tauchen, aber auch, um dort Häfen zu blockieren, Lösegeld zu erpressen und spanischen Schiffen entlang der Handelsrouten vor Española und San Juan aufzulauern. In der Person des französischen Überseefahrers, wie ihn Ingenios verkörperte, vereinigten sich Geschäftsmann, Schmuggler und Pirat. Insofern lassen sich die ersten Kapitäne, die mit Raubzügen Amerika heimsuchten, als *Handelskorsaren* bezeichnen.

In Ostindien wurde die europäische Expansion vor allem von großen Handelsgesellschaften, wie der holländischen »Vereeenighden Oostindischen Compagnie« (VOC) oder der englischen »East India Company« (EIC), getragen. Im Auftrag dieser Gesellschaften segelnde Kapitäne bedienten sich als *Kaufmannskrieger* einer speziellen Form des Gewalthandels, indem sie einerseits ihre europäischen Konkurrenten ausraubten und andererseits mit indigenen Händlern wirtschaftliche Kontakte – notfalls auch durch Gewaltandrohung – eingingen. Wie der Handelskorsar so kombinierte auch der Kaufmannskrieger raubende Gewalt mit friedlichem (Schleich-)Handel, war aber im Unterschied zu ersterem Teil und Speerspitze einer mächtigen Wirtschaftsorganisation, die ihm den nötigen finanziellen und politischen Rückhalt für aufwendige Beuteunternehmungen gab.

**Asiatische Piraten und europäische Expansion**

Seit Beginn des portugiesischen Vordringens in den Indischen Ozean und in das Südchinesische Meer wurden die europäischen Beziehungen zu den Indern und Asiaten durch Piraterie kompliziert wie verdichtet. Mal wurden die Portugiesen von chinesischer Seite als Räuber und Piraten angesehen, ein anderes Mal galten sie den Japanern als Verbündete im Kampf gegen chinesische Piraten. Auf der anderen Seite wurden sie, wie auch viele Jesuiten, die nach China und Japan reisten, immer wieder Opfer von japanischen Piraten, etwa den »Noshima Mukarami«, die sich jedoch nicht als Piratenbanden, sondern als Seeherrscher verstanden. Wie ihre europäischen Konkurrenten und Handelspartner kombinierten viele chinesische Seefahrer ebenfalls friedlichen Handel mit Schmuggel und Seeraub. Hinzu kam, dass unter den japanischen Seeräuberbanden der »Wôkòu« sich häufig auch Chinesen, Malaysier, Siamesen und eben auch Portugiesen, Spaniern oder sogar Afrikaner befanden. In der Auseinandersetzung mit asiatischen Seeräubern wurde den Europäern im Laufe des 16. Jahrhunderts bewusst, dass sie in Asien im Unterschied zu Amerika nicht die alleinigen Machtfaktoren bildeten, sondern auf die Kooperation mit regionalen Großmächten wie Persien, Mogulindien und China angewiesen waren. Mitunter konnte es geschehen, dass Europäer durch indigene Piraten empfindliche Machteinbußen erlitten. Vergeblich versuchten etwa die Holländer, chinesische Piraten im Kampf gegen das Reich der Mitte zu instrumentalisieren. Als 1644 nach dem Ende des Ming-Reiches der ehemalige chinesische Piratenführer Zheng Chenggong begann, ein eigenes Imperium aufzubauen, das große Seemachtambitionen hegte, wurde die Niederländische Ostindien-Kompanie (VOC) innerhalb kurzer Zeit aus Taiwan vertrieben. Die Niederländer waren damit in die Falle der eigenen Piratenpolitik getappt.

Um die Mitte des 17. Jahrhunderts hatte sich die Karibik zu einem Zentrum piratischer Aktivitäten entwickelt. Von den Inseln der Kleinen und Großen Antillen bis zur nordamerikanischen Küste reichte das Operationsgebiet der *Bukanier* und *Flibustier*, ursprünglich Gruppen europäischer Emigranten, die, in Westindien ansässig, vorrangig vom Seeraub lebten. Lange Zeit von Engländern und Franzosen als Kaperfahrer gegen Neu-Spanien eingesetzt, verloren sie im ausgehenden 17. Jahrhundert die Unterstützung der Nordeuropäer, nachdem letztere sich in West-

**Die »Piratenrunde«**

indien selbst als Kolonialmächte etablieren konnten. Auf der Suche nach neuen Jagdgründen schwärmten Bukanier und Flibustier in den Pazifik und in den Atlantik aus. Aus dem Indischen Ozean lockten Nachrichten von sagenhaften Schätzen indischer Handels- und Pilgerschiffe. Nachdem es den Piraten Thomas Tew und Henry Every gelungen war, im Arabischen Meer reiche Beute zu machen, brach in Westindien und Nordamerika ein regelrechter Goldrausch aus. Gepackt vom »Rotmeerfieber« (Arne Bialuschewski) machten sich an der Wende zum 18. Jahrhundert junge Kapitäne und Seeleute in Scharen von den Bahamas, aus Virginia oder Boston auf, um am Horn von Afrika die mit wert-

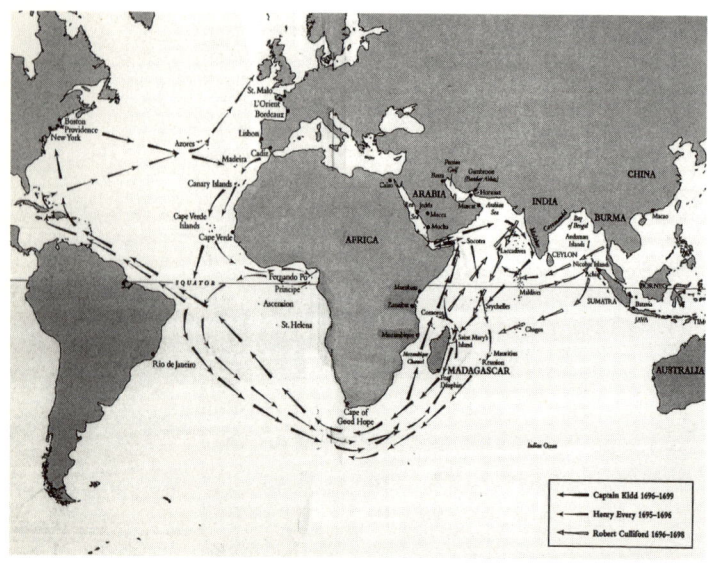

**Das Netzwerk der »Piratenrunde« – die Raubfahrten von Henry Every, William Kidd und Robert Culliford**

DIE GESCHICHTE DER PIRATERIE

vollen Stoffen, Edelmetallen, Kaffee und Gewürzen reich beladenen Schiffe aus Indien aufzubringen, um nach erfolgreicher Raubfahrt wieder nach Amerika zurückzukehren und die dort Beute gewinnbringend zu verkaufen. Einige von ihnen drangen in den nächsten Jahren sogar bis zur Straße von Malakka vor, um dort den Schiffen aus China und Japan aufzulauern. Um Afrika herum und zurück – auf diesen Weg der »Piratenrunde« begaben sich Ende des 17. Jahrhunderts schätzungsweise bis zu 1500 Männer.

Globalisierungs-
effekte

Erst durch die anhaltenden Raubüberfälle der Piraten aus den europäischen Kolonien Amerikas wurde die im ostindischen Raum vorherrschende Großmacht, das Mogulimperium, auf die Präsenz der europäischen Händler im Indischen Ozean aufmerksam. Pauschal gab man ihnen die Schuld an diesen Überfällen und verlangte von ihnen Schutzmaßnahmen durch Konvoischiffe und Piratenjäger. So waren es ebenfalls erst die Piraten der »Runde«, welche die bislang untereinander konkurrierenden Europäer dazu zwangen, sich an einen Tisch zu setzen. Gemeinsame seepolizeiliche Maßnahmen gegen die so genannten »Roundsmen« bildeten den Ausgangspunkt ihrer späteren Seevorherrschaft im Indischen Ozean. Als sie die Verbindungen zu den Hintermännern in Amerika kappten, brach das fragile Piratennetzwerk der Roundsmen zusammen. Aber durch deren Raub- und Schleichhandel, der insbesondere zur Erschließung neuer Sklavenmärkte an der ostafrikanischen Küste führte, waren Westindien und

Ostindien als bisher weitgehend getrennte Wirtschaftsräume ein ganzes Stück näher zusammengerückt – was man als Globalisierungseffekt der Piratenrunde bezeichnen könnte. Mit dem Verschwinden der Runde verbindet man heute auch das Ende des »goldenen Zeitalters« der Piraterie.

**Kosmopolitisches Piratentum**

Versprengte Teilnehmer der Piratenrunde verschwanden im Dickicht von Madagaskar oder liefen zu den Angrias über, südindischen Küstenbewohnern, die von den Mogulautoritäten als Piraten behandelt wurden. Bereits 1615 hatte der Großmogul Jahangir mit den Portugiesen einen Vertrag abgeschlossen, in dem die Hindus der Malabarküste als »piratas« bezeichnet wurden, welche ihr ganzes Leben lang vom Diebstahl leben würden. Zusammen mit den Portugiesen plante der englische Gouverneur von Bombay 1716 einen militärischen Schlag gegen den Anführer der Angrias, Kanoji Angria. Die portugiesisch-englische Attacke gegen Colaba, die Festung Kanoji Angrias, unweit von Bombay gelegen, endete im Dezember 1721 in einem militärischen Fiasko für die Europäer. Engländer wie Portugiesen schoben sich hierfür gegenseitig die Schuld zu, letztere schlossen noch im Januar 1722 mit denselben Angrias, die ihnen kurz zuvor noch verhasste Räuber und Piraten waren, einen Friedens- und Handelsvertrag ab. Noch Ende der 1730er Jahre, nach weiteren Zusammenstößen mit den Marathen und Angrias, warfen die Engländer ihren ehemaligen Bündnispartnern Verrat am gemeinsamen Kampf gegen die indigenen Piraten vor. Einer der »Überläufer« zu den Angrias war der englische Pirat John Plantain, der nach 1722 Madagaskar verließ, um sich in die Dienste Kanoji Angrias zu begeben. Bezüglich dieser Verbindung von internationaler und lokaler Seeräuberei könnte man von einem *kosmopolitischen Piratentum* sprechen, das in seinem Ausmaß allerdings nicht mehr war als ein bloßes Nachglühen der Piratenrunde.

### Bukanier und Flibustier

Zu den europäischen Kaperfahrern in der Karibik gesellten sich im frühen 17. Jahrhundert lokale Piratengruppen. Sie setzten sich vor allem aus den so genannten »engagés« zusammen, die von Europa nach Westindien übergesiedelt waren, um dort als Schuldknechte zu arbeiten, nach ihrer Freilassung aber keine Arbeitsmöglichkeit mehr hatten oder aufgrund der schlechten Behandlung geflohen waren. Einige von ihnen bestritten ihren Lebensunterhalt zunächst damit, dass sie Tierfleisch in einfachen Öfen (»Barbecu«) räucherten und von den Karibikinseln aus an vorbeifahrende Schiffe verkauften. Nach der Räuchertechnik, die von den Indianer »Bucan« genannt wurde, gaben sich diese Gruppen den Namen *Bukanier* (franz. »Boucaniers«, engl. »Buccaneers«). Als die Spanier ihnen in mehreren Strafexpeditionen die Lebensgrundlage entzogen, verlagerten viele der Gemeinschaften ihren Broterwerb auf die Seeräuberei.
Von den Bukaniern werden in der Forschung

zumeist die *Flibustier* unterschieden. Letztere rekrutierten sich vor allem aus Abenteurern, Aussteigern und Kriminellen, die entweder aus Europa geflohen oder bereits in der karibischen Inselwelt aufgewachsen waren. Im Unterschied zu den Bukaniern nutzten die Flibustier zwar das Inselgewirr Westindiens für zahlreiche Schlupfwinkel, verfügten in der Regel aber nicht über befestigte Stützpunkte oder ständige Siedlungen. Der Name geht wahrscheinlich entweder auf eine Ableitung des Begriffes »Freibeuter« oder auf die »Vlieboote« (flachgehende Barkentinen) zurück, mit denen die Piraten zumeist ihre Raubfahrten unternahmen. Einige der Gruppen schlossen sich zu Gemeinschaften zusammen, die sich »Brüder der Küste« nannten. Mit den Bukaniern und Flibustiern entstand ein neuer Typus der Überseepiraterie. Während Handelskorsaren und die ersten Kaufmannskrieger von Europa aus ihre Beuteexpeditionen starteten und in der Regel dorthin auch wieder zurückkehrten, waren sie vor Ort, sozusagen im Operationsgebiet ansässig. Statt ausgedehnter Expeditionen, die den westindischen Raum systematisch durchzogen und den spanischen Handelsrouten folgten, unternahmen sie kurze Streifzüge mit kleinerem Radius, aber mit höherer Frequenz, die zudem vom Frühwarnsystem der Spanier entlang der Handelsrouten kaum erfasst werden konnten.

Schien mit dem Ende der Piratenrunde die Gefahr einer global organisierten Piraterie gebannt, blieb das Seeraubproblem als Gegenstand internationaler Beziehungen weiterhin vor allem im mediterranen Raum virulent. Seit das Osmanische Reich sich am Ende des 16. Jahrhunderts aus dem westlichen Mittelmeer weitgehend zurückgezogen hatte, nahmen die Überfälle muslimischer Korsaren aus Nordafrika auf europäische Handelsschiffe rapide zu. Auf christlicher Seite entsprachen den nordafrikanischen Seekämpfern vor allem von Malta aus operierende und vom dortigen Orden der Johannes-Ritter unterstützte Korsaren, die »maurische« Schiffe angriffen und sich dabei als Glaubenskämpfer verstanden. Dabei gingen sie ähnlich wie die Nordafrikaner vor und plünderten nicht nur die Fahrzeuge, sondern versklavten auch ihre Besatzungen. In Syrien fürchteten katholische Christen noch zu Beginn des 18. Jahrhunderts, dass die andauernden Überfälle der Malteser Korsaren zum Abfall vieler Gläubiger vom katholischen Glauben führen könnten. Ebenso wenig wie die Malteser betrachteten sich die Beutefahrer der so genannten »Barbareskenstädte« Algier, Tunis und Tripolis als Piraten, vielmehr nannten sie sich »ġâzîs«, Soldaten im Krieg gegen die Ungläubigen, und definierten sich als Kämpfer des »djihâd«. Im »corso« oder »guerra corsara«, wie der Kaperkrieg des Mittelmeers bezeichnet wurde, waren auf beiden Seiten ökonomische und religiöse Motive kaum voneinander zu trennen. Die Schädigung des Glaubensfeindes durch Wegnahme seiner Schiffe und Güter ließ sich beiderseits immer auch zugleich als religiöse Handlung rechtfertigen. Während die Korsarenaktivitäten auf Malta mit der Besetzung der Insel durch Napoleons Flotte 1798 praktisch eingestellt wurden, fanden die Beutefahrten der Maghrebiner erst ein Ende, als Algier 1830 von Frankreich eingenommen wurde.

**Revolutionäre Korsaren** Einen letzten großen Höhepunkt erfuhr der staatlich lizenzierte Seeraub in Form der Kaperei in den Napoleonischen Kriegen sowie den Unabhängigkeitskriegen in Nord- und Südamerika im späten 18. und frühen 19. Jahrhundert. Nach politischer Autonomie von Spanien oder England strebende Mächte wie die USA, Bolivien Chile oder Argentinien bedienten sich mangels eigener Seestreitkräfte privater Seebeutefahrer durch die Ausstellung von Kaperbriefen für ihren politischen Befreiungskampf. Dabei verwischte sich die ohnehin schwer fixierbare Grenze zwischen Kaperei und Piraterie immer mehr. Ob ein auf Raubfahrt befindliches Schiff irgendwelche Beutevollmachten besaß oder nicht, spielte kaum mehr eine Rolle. Zum Beispiel unternahmen ehemalige schwarze Sklaven in den Jahren nach dem Sturz der französischen Regierung auf der Karibikinsel Saint-Domingue 1791 immer wieder von offenen Booten aus kleinere Raubexpeditionen. Obwohl die so genannten »picaroons« keinerlei Beutelizenzen besaßen, bezeichneten die Briten sie oft als »row-boat privateers«. Aus Angst vor Vergeltungsmaßnahmen gegenüber englischen Gefangenen waren sie bereit, die »picaroons« als legitime Kaperfahrer und nicht als Piraten zu behandeln. Der Kaperkrieg hatte ein solches Maß an Irregularität erreicht, dass keine der an den Auseinandersetzungen diesseits und jenseits des Atlantiks beteiligten Großmächte sicher einschätzen konnte, was nun nach internationalen Standards als legitime Kaperaktion zu gelten habe und was nicht.

**Der chinesische Piratenbund**

Wenngleich mit der Piratenrunde um 1700 die Seeräuberei ihre bis dahin räumlich größte Ausdehnung erreichte, so bildete sich die bis heute größte Piratenflotte weder im Mittelmeer noch im Atlantik, sondern im Südchinesischen Meer. Ende des 18. Jahrhunderts hatten Rebellen in Vietnam chinesische Fischer, die nebenberuflich Piraterie betrieben, zur Unterstützung ihres Kampfes rekrutiert. Nachdem die Tay-Son-Rebellion 1802 niedergeschlagen worden war, kehrten viele der vertriebenen Piraten in die chinesische Provinz Guangdong zurück; mehrere Banden schlossen sich dort zu einem einzigen Verband zusammen, der in sich sechs Flotten, die sich durch eine rote, schwarze, weiße, blaue, grüne und gelbe Flagge voneinander unterschieden, vereinigte und 1804 etwa vierhundert Dschunken und siebzigtausend Mann umfasste. Während die kleineren Piratenbanden um 1800 meist an der Peripherie des chinesischen Reiches operierten, errichtete die Piratenkonföderation ihre Basen entlang der viel befahrenen Handelsrouten, die nach Kanton führten. In China agierte der Piratenbund wie ein Staat im Staate. Den Großteil ihres Einkommens »erwirtschafteten« die Piraten durch den Verkauf von Schutzbriefen. 1809 erreichte die Macht des paramilitärischen Bundes ihren Höhepunkt. Den Seeräubern standen rund zweihundert große Dschunken (»yang-chu'an«) zur Verfügung, die jede bis zu vierhundert Mann Besatzung und dreißig bis vierzig Kanonen an Bord hatte. Selbst die von den kaisertreuen Chinesen gerufenen Europäer, insbesondere die Portugiesen, konnten die Flotte der sechs Flaggen nicht besiegen.

1810 kollabierte die Konföderation jedoch vollständig. Das Embargo der Qing, Marinekampagnen, ein kaiserliches Amnestieangebot und lokale Milizenaufstände einerseits, innere Streitigkeiten und der Tod oder Rückzug der wichtigsten Flottenführer andererseits führten zu einer raschen Auflösung des Piratenbundes. Obwohl der Bund jede noch so große Piratengemeinschaft der Europäer seit den Zeiten ihrer Expansion nach Amerika und Ostindien zahlenmäßig und an Kampfeskraft bei Weitem überstieg, wurde er nie dazu genutzt, um ferne Gegenden zu kolonisieren oder neue Welten zu entdecken. **Piraten als Piratenjäger** Was westliche und östliche Pirateriepolitik allerdings miteinander verband, war die Taktik der Machthaber, ehemalige Piraten als Piratenjäger gegen ihre vormaligen Kameraden einzusetzen. So wie im Osten nach dem Ende der Konföderation zwei ihrer ehemaligen Führer, Shi Lang und Zhang Bao, der kaiserlichen Regierung im Antipiratenkampf dienten, so hatten dies zuvor auch im Westen Ex-Piraten wie Henry Morgan, William Kidd oder Woodes Rogers im Dienste ihrer jeweiligen Regierung getan.

# 2

Politisch nutzten im 19. Jahrhundert vor allem die großen Kolonialmächte wie Großbritannien das universale Recht der Piraterieverfolgung, um daraus weltweite Jurisdiktions- und Seeherrschaftsansprüche abzuleiten. Auf dieses Recht beriefen sich beispielsweise die Briten, als sie im Rahmen seepolizeilicher Maßnahmen dazu übergingen, ihre Stellung als imperiale Kolonialmacht auf der Arabischen Halbinsel oder in Südostasien auszubauen und zu festigen. Gleichzeitig geriet der legale Bruder des Piraten, der Kaperfahrer, international immer mehr in Misskredit. Doch erst auf der Pariser Seerechtskonferenz von 1856 verständigten sich zahlreiche Mächte weltweit darauf, die Kaperei völkerrechtlich zu ächten. Im Laufe der zweiten Jahrhunderthälfte schlossen sich weitere Regierungen diesem Abkommen an, und bis etwa 1900 hatte sich auch in der Praxis dieses Verbot nahezu in allen Teilen der Welt durchgesetzt – wenngleich freilich der Einsatz privater Schiffe als Ergänzung zur stehenden Marine, etwa der deutschen Hilfskreuzer im 2. Weltkrieg, nie vollständig unterbunden wurde.

**Das späte Ende des Kaperwesens**

Während sich im 19. Jahrhundert einerseits die Ausweitung des Pirateriebegriffes auf den Sklavenhandel ebenso wenig behaupten konnte wie dessen Ausdehnung auf die Beschädigung internationaler Telegrafenkabel, blieb andererseits manchem Rechtsgelehrten die gängige Bestimmung von Seeraub als ein mit der Absicht zu rauben (»animus furandi«) und durch die Erregung von Furcht durchgeführter gewaltsamer Angriff gegen Schiffe auf offenem Meer zu eng gefasst.

International durchsetzen konnte sich bis heute eine weite Definition, die neben Raub auf hoher See ebenfalls jede rechtswidrige Gewalttat, Freiheitsberaubung oder Plünderung umfasst, nicht dagegen jedoch der vor allem von Großbritannien nach dem Ersten Weltkrieg unternommene Versuch, den Einsatz von Unterseebooten als Akt der Piraterie zu definieren. Allerdings bleiben bis heute viele Aspekte der internationalen Auffassung von Piraterie weiterhin umstritten, wie etwa eine klare Abgrenzung zwischen Piraterie und politischem Widerstandskampf oder die Unterscheidung zwischen Piraterie und Terror auf See. So erstaunt es nicht, dass gerade nach den Anschlägen vom 11. September 2001 manche Politiker und Juristen dafür plädieren, die Pirateriebestimmung, wie sie dem UN-Seerechtsübereinkommen von 1982 zugrunde liegt, ebenfalls auf Akte terroristischer Gewalt auszudehnen.

**Somaliapiraten**  Wenn gegenwärtig Seeraub in ihrer Spielart der Somalia-Piraterie eine neue Hochblüte als Bedrohung der internationalen Schifffahrt zu erleben scheint, so ist dieses Phänomen vor allem im Zusammenhang mit neuen Formen von Gewalt zu sehen, die weder vollständig staatlicher Kontrolle unterliegen noch durch das Aufeinandertreffen militärisch wie politisch gleichberechtigter Gegner gekennzeichnet sind. Zu einer ähnlich globalen Gefahr wie um 1700 könnte die heutige Piraterie am Horn von Afrika allerdings nur unter den Bedingungen werden, dass erstens eine ganze Reihe von Küstenstaaten wie Somalia nicht mehr oder nur noch sehr begrenzt ihr Gewaltmonopol wahrnehmen können, zweitens der Mangel an legalen Erwerbstätigkeiten in solchen Ländern die Bereitschaft zur gefährlichen Beutejagd auf See steigen lässt. Drittens müsste es zu Nachahmern in größerem Stil auch in anderen Regionen der Welt kommen, die piratische Aktivitäten entfalten und viertens im Rahmen von Strukturen international organisierter Kriminalität miteinander kooperieren würden. Davon unberührt bleibt freilich, dass lokal begrenzte Phänomene gewalttätiger Überfälle auf See wohl nie ganz zu unterbinden sein werden.

# 3

# Seeraub, Recht und Politik

## »Sind Piraten einfache Kriminelle?«

### Die internationalen und völkerrechtlichen Bestimmungen

Aus strafrechtlicher Sicht hatten römische Juristen in der Antike Seeräuber (»piratae«) wie Straßen- oder Landräuber (»latrones« bzw. »praedones«) behandelt. Ebenso wie bewaffneter Straßenraub, gewaltsamer Mord, böswillige Brandstiftung oder Schiffbruchverbrechen gehörte Seeräuberei damit zu den Kapitalverbrechen, für die nach den Strafgesetzen der Römer stets die Todesstrafe drohte. Trotz dieser Gleichbehandlung wurde schon im Altertum zwischen Räubern zu Land und Räubern zu Meer unterschieden. Im frühen 3. Jahrhundert nach Christus konstatierte Cassius Dio, Beutezüge zu Land seien von den Städten aus besser zu beobachten, angerichtete Schäden könnten aus der Nähe betrachtet und die Übeltäter leichter verhaftet werden; Seeräuber dagegen würden sich auf ihren Fahrten geschwind in alle Richtungen bewegen und sich rasch zu größeren Gruppen zusammenschließen.

Piraterie im römischen Strafrecht

Doch zugleich war der Pirat immer schon wesentlich mehr als ein einfacher Krimineller, nämlich ein Feind der gesamten Menschheit. Herausgebildet hatte sich dieses Verständnis vom Piraten im Rahmen kriegsrechtlicher Überlegungen, die in der römischen Antike ihren Anfang nahmen. Im letzten vorchristlichen Jahrhundert hatte die weite Verbreitung der Mittelmeerpiraterie dazu geführt, dass spätrepublikanische Gelehrte und Juristen begannen, das Verhältnis zwischen Krieg und Piraterie rechtlich zu klären. Sobald der Krieg als Rechtsverfahren verstanden wurde, ging man dazu über, rechtmäßige Kriegsgegner (»perduelles« oder »hostes«) von nicht rechtmäßigen zu unterscheiden. Ersteren gegenüber galt es, grundlegende Normen einzuhalten, wozu etwa der Grundsatz der Vertragstreue, im Besonderen die Einhaltung eidlich geleisteter Versprechen gehörte. Entsprechendes traf für irreguläre Gegner nicht zu. Rechtmäßige Kriegsgegnerschaft machten die klassischen Juristen vor allem am Kriterium der offiziellen Kriegsführung fest. Feinde seien diejenigen, denen das römische Volk öffentlich den Krieg erklärt hätte oder umgekehrt; alle anderen nenne man Räuber oder Banditen. Bezüglich letzterer hatte bereits Cicero vor allem den Piraten hervorgehoben, dieser sei kein rechtmäßiger Kriegsgegner, sondern ein gemeinsamer Feind aller (»communis hostis omnium«), der außerhalb jeglicher Rechtsordnung stehe.

Während sich dieser Begriff des Piraten in der römisch geprägten Rechtstradition etablierte und durch die Bezeichnung des Seeräubers als »hostis humani generis«, die sich zum ersten Mal im 14. Jahrhundert bei Bartolus de Saxoferrato nachweisen lässt, sogar noch radikalisierte, stempelte das christliche Kirchenrecht den Piraten zum Häretiker, zu einem Ketzer, der aus der christlichen Gemeinschaft auszustoßen sei. In den Abendmahlsbullen, der Sammlung von Exkommunikationssentenzen, die von den Päpsten seit dem 13. Jahrhundert am Gründonnerstag feierlich verkündet wurden, findet sich eine Sentenz, in der alle Piraten, Korsaren und Meeresräuber sowie deren Hehler mit dem Kirchenbann belegt wurden. Dass der Pirat in der Regel unterschiedslos jeden Menschen, gleich welcher Herkunft, Nation oder Religion, angreife, wurde freilich auch nach diesem Verständnis vorausgesetzt. Dabei wurde es auch als ausreichend angesehen, wenn der Pirat das Meer nur in der Absicht durchquere, die Menschen genau einer Nation auszurauben, so wie es etwa die Franzosen allein auf die Portugiesen abgesehen hätten.

Zu einem konkreten völkerrechtlichen Piraterie-konzept kam es jedoch erst, als 1588/89 der italienische Jurist Alberico Gentili in »De iure belli libri tres« Ciceros Bestimmung des Piraten wieder aufnahm, nun aber den bisher unspezifischen allgemeinen Feindbegriff explizit mit dem Völkerrecht verband. Der Krieg gegen Piraten sei gerecht, weil diese gegen das »commune ius gentium« verstoßen hätten. So wie es rechtens sei, aus der Liebe zu unseren Nachbarn die Waffen gegen Piraten zu erheben, so geschehe dies zu-

**Piraterie
im Völkerrecht**

gleich aufgrund der Verletzung des allgemeinen menschlichen Rechts. Aus der Universalfeindschaft leitete Gentili das universale Recht der Verfolgung und Bestrafung von Seeräubern ab. Mit jedem Verstoß gegen das allgemeine Recht der Menschen seien zugleich alle Menschen betroffen. Jeder könne das potenzielle Opfer eines Piraten werden, also sei auch jeder dazu berechtigt, Seeräuber zu bekämpfen. Der Krieg gegen Piraten war für Gentili ein Krieg, der von allen Menschen und Völkern geteilt werde. Bis heute gilt Piraterie als das erste internationale Verbrechen oder Weltverbrechen im modernen Sinne.

Indes ging es beim Begriff der Universalfeindschaft nicht nur um die potenzielle Gegnerschaft gegenüber allen Menschen, sondern auch um die Unmenschlichkeit des Verbrechens selbst. Nicht der Verstoß gegen einzelne Gesetze, sondern der Verstoß gegen menschliches Recht an sich, gegen jedwedes Recht, das die Menschheit zusammenhalte, machte den Piraten damit zum Inbegriff des Universalfeindes, eines Menschheitsfeindes, der unmenschlicher noch als ein wildes Raubtier schien. Zwar galt auch der Straßenräuber wie der Seeräuber als Menschheitsfeind, weil beide gleichermaßen auf unmenschliche Weise unterschiedslos raubten. Doch während die Raubzüge des Wegelagerers in der Regel einen räumlich eher geringen Radius umfassten, konnte man dem Seeräuber unterstellen, dass sein ureigenstes Jagdrevier, die weltumspannenden Meere, räumlich kaum zu begrenzen war, weshalb er im Unterschied zum terranen Räuber nicht nur hypothetisch, sondern – zumindest potenziell – auch tatsächlich Menschen so gut wie aller Völker erreichen konnte.

Der Pirat sei es gewesen, der die Meere unsicher gemacht habe, wie es der humanistische Jurist Johannes Drosaeus 1564 ausdrückte. Immer wieder wurde die Rastlosigkeit des Piraten hervorgehoben, sein stetes Treiben auf allen Weltmeeren, sein pausenloses Umherschweifen von Küste zu Küste, von Insel zu Insel, diesseits und jenseits des Horizonts. Mithin personifizierten Seeräuber die Unruhe des Meeres selbst. In der französischen Sprache etablierte sich für Piraten und andere, die auf dem Meer ihr Unwesen trieben, auch der Ausdruck »écumeurs de mer«. Im Deutschen findet sich ebenfalls der Begriff der See- oder Meerschäumer als Synonym für die notorischen maritimen Unruhestifter. Die so aufgewühlte See erinnerte daran, dass ein allen zugängliches und gemeinsam genutztes Meer auch immer ein ungetrenntes Nebeneinander von Handel, Krieg und Plünderung bedeuten musste. Auf diese Weise repräsentierte das Meer im völkerrechtlichen Piratenbegriff ex negativo den Verkehrsraum der Völker, da es die topografische Voraussetzung dafür bildete, den Piraten als virtuellen Angreifer aller Völker und Nationen zu verstehen. Die Omnipräsenz der Gefahr, die Unterschiedslosigkeit der Opferwahl und die Unmenschlichkeit der Verbrechen machten den Piraten somit zum menschenfeindlichsten aller Menschheitsfeinde, zum gefährlichsten aller Universalfeinde.

**Der Pirat als »Seeschäumer«**

# »Macht man mit Piraten kurzen Prozess?«

## Große Piraten vor Gericht

Der Pirat als
»outlaw«

Mit Piraten nicht lange zu fackeln und sie umgehend an die Rah zu hängen, das war zum Beispiel der Grundsatz der spanischen Überseepolitik im 16. Jahrhundert. Am 23. Januar 1562 erteilte König Philipp II. dem Piratenjäger Menéndez de Avilés den Befehl, alle Korsaren aus Frankreich oder England, die sich auf dem Weg nach West- oder Ostindien befanden, als Friedensbrecher und Räuber hinzurichten und im Falle ihrer Festnahme die Exekution gleich auf hoher See mit aller Härte durchzuführen. Die sofortige, umstandslose Tötung eines Piraten galt in ganz Europa als rechtens. Nach römisch-rechtlicher Tradition gab es keine Möglichkeit dagegen Appellation zu erheben, dass Straßen- und Seeräuber ohne Weiteres hingerichtet werden konnten. Eine Person, die einen Piraten auf der Stelle tötete, brauchte dafür keine Bestrafung zu befürchten. Gleichzeitig hatte sich jedoch seit dem Mittelalter in vielen Ländern ein Bewusstsein dafür ausgebildet, dass man selbst der Piraterie Beschuldigten ein Gerichtsverfahren und den Nachweis ihrer Schuld nicht vorenthalten könnte. Im englischen Strafrecht etwa konnte ein der Seeräuberei Angeklagter nur verurteilt werden, wenn er seine Taten selbst gestand oder mindestens zwei Zeugen ihn seiner Verbrechen glaubhaft bezichtigten – was oft sehr schwierig war, weil Seeleute und Matrosen, die man als

Zeugen vor das zuständige Seegericht hätte zitieren können, oft schon bei Prozessbeginn wieder auf hoher See waren. Erst im 19. Jahrhundert verlor der Pirat seinen Status als »outlaw«, wurden ihm grundlegende Menschenrechte und Rechtsschutz vor Gericht zugesichert. Zugleich ging das Recht, Piraten zu verfolgen und zu verhaften, allein an Träger staatlicher Gewalt über. Privatpersonen verblieb ein Recht der Notwehr, sie waren jedoch fortan verpflichtet, von ihnen dingfest gemachte Seeräuber umgehend staatlichen Behörden zu übergeben.

Spektakuläre Piratenprozesse hatten meist einen politischen Hintergrund. Nachdem sich zwischen England und Spanien Friedensverhandlungen abzeichneten, fiel Walter Raleigh, ehemalige Berater am Hofe Elisabeths I., 1603 aufgrund seiner antispanischen Haltung in politische Ungnade und wurde als Folge einer Intrige zum Tode verurteilt. Das Todesurteil wurde ausgesetzt, nach dreizehn Jahren Haft im Tower erreichte Raleigh seine Freilassung und ein politisches Comeback, da er versprach, beträchtliche Goldvorkommen, die er 1595 in Guyana entdeckt zu haben vorgab, nach England verschiffen zu lassen. Die Expedition von 1617 wurde jedoch zu einem Fiasko, Raleighs Flotte brachte kein Gold mit nach England. Stattdessen hatte man im Januar 1618 Santo Tomé,

**Sir Walter Raleigh**

**Als Pirat und Friedensbrecher hingerichtet – Sir Walter Raleigh**

eine befestigte spanische Stadt am Orinoko, überfallen. Zudem hatten einige Schiffe Raleighs auf der Rückreise spanische Fregatten aufgebracht und geplündert. Der spanische Botschafter forderte die Auslieferung Raleighs, damit er als Pirat bestraft werden könne. Um einen offenen Konflikt mit Spanien zu vermeiden, ließ die englische Regierung ihn verhaften. An Raleigh wurde nun ein Exempel statuiert. In der gegen ihn verfassten königlichen Proklamation vom 16. Juni 1618 warf man ihm vor, auf bösartige Weise den Frieden mit Spanien gebrochen zu haben. In seiner »Apology« beklagte sich Raleigh bitter darüber, dass er niemals damit gerechnet habe, bei seiner Rückkehr nach England als Pirat behandelt zu werden (»I would turn pirate«). Am 19. Oktober 1618 wurde das 1603 ausgesetzte Todesurteil gegen Raleigh in London vollstreckt.

**Wiliam Kidd** Keine hundert Jahre später stand ein anderer großer Pirat in London vor Gericht, der wie Raleigh zum Bauernopfer politischer Interessen Englands werden sollte. Als der indische Großmogul Awrangzeb 1696 die englische Regierung für die anhaltenden Überfälle von Seeräubern aus den Kolonien Amerikas im Arabischen Meer verantwortlich machte und damit drohte, den für England lukrativen Ostindienhandel einzustellen, schickte man von New York aus William Kidd auf Piratenjagd in den Indischen Ozean. Kidd missbrauchte jedoch seine königlichen Kapervollmachten für eigene Beutefahrten. Sein ungewöhnliches Schiff, die *Adventure Galley*, halb Rudergaleere, halb Segelschiff, war allerdings schon von Weitem zu identifizieren; bei seiner Rückkehr nach Neuengland wurde er umgehend verhaftet, nach London gebracht, der Seeräuberei angeklagt und vor Gericht gestellt. Dort beteuerte Kidd seine Unschuld und rechtfertigte sich damit, dass das von ihm aufgebrachte indische Mogulschiff *Quedah Merchant* französische Schiffspapiere besessen habe und er zur Kaperung französischer Schiffe offiziell bevollmächtigt gewesen sei. Unter anderen Umständen wäre er damit vor einem englischen Gericht wahrscheinlich durchgekommen. Da aber der indische Großmogul die

Halb Galeere, halb Segelschiff – William Kidds *Adventure Galley* wog 287 Tonnen, verfügte über 34 Kanonen und hatte 152 Mann an Bord.

Regierung in London massiv unter Druck setzte, wurde Kidd unter den Augen hochrangiger Vertreter der Mogulregierung am 23. Mai 1701 auf dem Execution Dock im Londoner Hafen aufgehängt. Nicht die Übertretung seiner Kapervollmachten war ihm zum Verhängnis geworden, sondern die Gefährdung der wirtschaftlichen Interessen Englands in Ostindien.

# »Beginnt nicht jeder Staat als Räuberbande?«

## Wenn aus Seeräubern friedliche Bürger werden

Was unterscheidet eigentlich einen Staat von einer Seeräuberbande? Diese Frage trieb politische Denker vor allem im 16. und 17. Jahrhundert um – eine Zeit, in der sich der moderne Staat und seine theoretischen Grundlagen durchzusetzen begannen. Jean Bodin und Hugo Grotius, zwei der führenden Intellektuellen dieser Zeit, gaben zur Antwort: Bürger gründen einen Staat um des Rechts willen, Piraten eine Gemeinschaft, um Recht zu brechen. Dieser Unterschied gelte selbst dann, wenn die Bürger eines Staates vorrangig vom Seeraub lebten, wie es viele Völker in alten Zeiten taten, und umgekehrt die Mitglieder einer Räuberbande sich intern eigenen Gesetzen und Regeln unterstellten. Wie jene Unterscheidung in der Praxis allerdings genau zu bestimmen war, dies beantworten Bodin und Grotius nicht. Für letzteren war es jedenfalls möglich, dass aus einer illegitimen Seeräubergemeinschaft eine legitime Bürgergemeinschaft hervorgehen könne, sofern sie ihr gewalttätiges Gewerbe aufgabe und sich so ausbreite, dass ihre Population und das von ihr beanspruchte Territorium einem Staatsvolk angemessen wären. Der daraus zwangsläufig folgende Schluss, dass viele der heute souveränen Staaten einst aus raubenden und plündernden Banden hervorgegangen seien, war weder für Grotius ein Problem noch für Thomas Hobbes, dessen Staatstheorie einen

**Staatstheorie und Völkerrecht**

vorbürgerlichen Naturzustand des Kriegs aller gegen alle voraussetzte.

In der Praxis internationaler Beziehungen zwischen Staaten und Völkern spielte die Frage, was einen regulären Staat von einem »Piratenstaat« unterscheide, vor allem im Hinblick auf das Verhältnis der Europäer zu den so genannten »Barbareskenstädten« Algier, Tunis und Tripolis eine entscheidende Rolle. Nachdem sie die im Osmanischen Reich teilautomomen Städte Nordafrikas lange Zeit aufgrund ihrer Korsarenaktivitäten als bloße Seeräubernester bezeichnet hatten, begannen verschiedene europäische Länder ab dem späten 16. Jahrhundert immer häufiger Schutz-, Friedens- und Handelsverträge mit den Maghrebgemeinschaften einzugehen. Nach einem längeren Prozess faktischer Anerkennung von Algier, Tunis und Tripolis als staatspolitisch souveräne oder zumindest semisouveräne Subjekte bildete sich aus dem Kaperkrieg zwischen muslimischen und christlichen Korsaren im Mittelmeer ein gemeinsamer, Südeuropa und Nordafrika umfassender Rechtsraum heraus, der trotz seiner Fragilität eine längere Zeit Bestand hatte. Zu Beginn des 19. Jahrhunderts jedoch, als die wirtschaftliche Überlegenheit der Europäer zunahm und das von den Korsaren forcierte Sklavengeschäft international mehr und mehr in die Isolation geriet, begann man nördlich des Mittelmeers die völkerrechtliche Anerkennung der Magrebstädte wieder zurückzunehmen. Indem man die Nordafrikaner abermals als Piraten bezeichnete, wurde deren gewaltsame Kolonisierung vor allem durch Frankreich als internationale Polizeiaktion gegen Banditen und Mörder gerechtfertigt. Die Geschichte des Verhältnisses der Europäer zu den Barbaresken zeigt, wie lang der Weg sein konnte, bis unrechtmäßige Piraten-Gemeinschaften zu rechtmäßigen Staaten wurden, und wie schnell dieser Rechtsstatus politisch wieder aufgehoben werden konnte.

# »Nützt oder schadet der Pirat dem Staat?«

## Zur politischen Instrumentalisierung der Piraterie

**Piraten-
bekämpfung
und Imperia-
lismus**

»Bis in die entlegensten Winkel der Welt«, so formulierte bereits im 17. Jahrhundert ein Londoner Admiralitätsrichter den Anspruch der englischen Marine, Piratenschiffe rund um den Globus zu verfolgen. Man berief sich damit auf das aus dem Begriff der Universalfeindschaft abgeleitete universale Piratenstrafrecht, wonach Piraten, weil sie Feinde aller seien, auch von jedermann überall verfolgt und bestraft werden dürften. Als die Briten ab dem ausgehenden 18. Jahrhundert ihr Imperium in Indien und Asien auszubauen begannen, nutzten sie dieses Universalstrafrecht, um die Bekämpfung von Gegnern ihrer Kolonisierung als polizeiliche Maßnahme gegen Piraterie zu rechtfertigen. Die Sicherung der internationalen Handelsschifffahrt und Zivilisationsmission waren die offiziellen Ziele, mit denen die Briten etwa zu Beginn des 19. Jahrhunderts militärisch im Persischen Golf Flagge zeigten und entsprechend gegen Seeräuberüberfälle vorgingen.

**Das Beispiel
Ra's al-Chaima**

Dabei war die Ausübung seepolizeilicher Funktionen vom Streben nach machtpolitischer Vorherrschaft in dieser Region nicht zu trennen. Ausgangspunkt von Überfällen auf Seehandelsschiffe im Persischen Golf wurden ab dem ausgehenden 18. Jahrhundert die Häfen Schardscha und Ra's al-Chaima. Vor allem dem an der Küste der heutigen Vereinigten Arabischen Emirate ansässigen Beduinenstamm der Qasimi (oder Qawasim) warf die britische Ostindien-Kompanie wiederholt vor, sie würden den gesamten Seehandel bis Indien massiv gefährden. Um vor allem den Handel von Oman und Großbritannien entlang der so genannten »Piratenküste« zu schützen, führte London sowohl 1809/10 wie auch 1819/20 größer angelegte Marineexpeditionen gegen die Qasimi in der Golfregion durch. Dabei war es von vornherein das Ziel, nicht nur die maritimen Verkehrswege zu sichern, sondern sich mit Hilfe des Kampfes gegen Piraterie zugleich machtpolitisch dauerhaft in der Region festzusetzen. Die für die Briten erfolgreiche zweite Expedition endete am 8. Januar 1820 mit einem Vertrag, der die Scheichtümer entlang der arabischen Golfküste zur engen Kooperation mit den Siegern zwang.

Festgelegt wurde zunächst in Artikel 1, dass sämtliche Formen der Plünderung und Piraterie auf Seiten der Araber für immer einzustellen seien. Jede Person, die dagegen verstieß, indem sie Plünderung und Piraterie ausübte und einen nicht anerkannten Krieg durchführte, sei als »enemy of all mankind« zu betrachten, womit sie sämtliche Güter sowie Leib und Leben verwirkt hätte. Artikel 7 forderte die Stämme dazu auf, mit den Briten im Kampf gegen Plünderer und Piraten zusammenzuarbeiten.

Die Sprache des Vertrags zeigt, dass hier der Sieger dem Verlierer diktierte. Wäre dies ein symmetrischer Kontrakt gewesen, dann hätten Angehörige beider Seiten nach Friedensbeginn von den Behörden beider Seiten gleichermaßen als Verbrecher und Piraten angeklagt werden können. Doch im vorliegenden Fall galt dies lediglich für eine Seite. Allein Araber konnten Gefahr laufen, Piraten zu werden, nicht aber Subjekte des britischen Königreichs. Qasimi und Briten durften Qasimi als Seeräuber verfolgen, nicht aber Qasimi britische Staatsangehörige. Der Wortlaut des asymmetrischen Vertrages schloss letzteres von vorneherein aus. Nicht so sehr, dass in diesem Vertrag (absichtlich) versäumt wurde, zu definieren, *was* überhaupt genau mit dem Begriff Piraterie gemeint war, sondern, dass ganz klar definiert wurde, *wer* überhaupt nur unter diesen Begriff fallen konnte, macht den imperialen Charakter dieser vertraglichen Übereinkunft deutlich. In diesem Übereinkommen nahmen die Versuche der Ostindien-Kompanie und der Londoner Regierung, die Scheichtümer am Persischen Golf unter britisches Protektorat zu stellen, ihren rechtlichen Anfang. Mit der Antipiraterikampagne von 1819/20 begann die Kolonialherrschaft der Nordeuropäer in dieser Region, eine Herrschaft, die endgültig erst 1972 beendet wurde, als Großbritannien als letztes der ehemaligen »Trucial States« Ra's al-Chaima, heute eines der Emirate der Vereinigten Arabischen Emirate, in die Unabhängigkeit entließ.

Aus politischen Gründen wurden Piraten nicht nur bekämpft, sondern umgekehrt oft auch ganz bewusst eingesetzt. Wer einen Aufstand plante, einen Umsturz vorbereitete oder um politische Unabhängigkeit rang, bediente sich ihrer für seine Zwecke. Um einer militärisch weit überlegenen Staatsmacht die Stirn bieten zu können, blieb oft kein anderes Mittel, als zivile Kapitäne für die eigene Sache zu gewinnen und ihr militärisches Engagement mittels eines Marke-, Repressalien- oder Kaperbriefes zu legitimieren. Idealismus und politischer Befreiungswille traten so gegen eine erdrückende militärische Übermacht an. Und das nicht selten mit Erfolg, wie sich etwa am Kampf der Niederländer um politische Unabhängigkeit von Spanien an der Wende zum 17. Jahrhundert ablesen lässt. Seit 1568, als der niederländische Unabhängigkeitskampf begann, wurden Kaperfahrer als wichtiges militärisches Mittel in der Auseinandersetzung mit der spanischen Krone eingesetzt. Mit Kaperlizenzen versehene »Watergeuzen«, von den Engländern »Seabeggars« genannt, verstanden ihre maritimen Raubaktivitäten als Teil der Revolte gegen Philipp II. Was in den Augen der Niederländer politische Freiheitskämpfer waren, bezeichneten die Spanier dagegen als Rebellen und Piraten. Während die eine Partei Beutemachen in den Dienst politischer Ziele stellte, trachtete die andere danach, den Widerstandskampf als Raub und Brandschatzung zu kriminalisieren und damit zu delegitimieren.

**Piraterie und politischer Widerstand**

**Das Beispiel »Watergeuzen«**

Ähnliche Muster politischer Piraterie oder piratischer Politik finden sich bis ins 19. Jahrhundert, etwa in den südamerikanischen Befreiungskriegen, im Unabhängigkeitskampf Griechenlands gegen das Osmanische Reich – oder im amerikanischen Sezessionskrieg, als 1861 die auf Autonomie drängenden Südstaaten Schiffskapitäne als Kaperfahrer engagierten, was die USA schließlich dazu bewog, dem in der Pariser Seerechtsdeklaration von 1856 multilateral vereinbarten Verbot der Kaperei zuzustimmen. Ebenso wie »Piraterie« ist heute der Begriff »Terrorismus« ein Begriff, in dem Selbstbeschreibung und Fremdbeschreibung nicht zusammenfallen. Was einst für den Freibeuter zutraf, tritt nun häufig in neuem Gewand auf: Des einen Terrorist ist des anderen Freiheitskämpfer.

# Leben und Sterben der Piraten

## »Kämpfen Seeräuber Mann gegen Mann?«

### Die Realität von Enterkampf und Seeschlacht

Stellt man sich vor, wie Seeräuber im »goldenen Zeitalter« der Piraterie gekämpft haben, dann treten einem unwillkürlich Bilder vor Augen, die geprägt sind von Kinofilmen und in denen sich Errol Flynn, Douglas Fairbanks oder Burt Lancaster zwischen schwirrenden Enterhaken und Pulverdampf aus der Takelage eines prächtigen Dreimasters auf das Deck des Gegners schwingen. Wenn Piraten auf der Leinwand auftauchen, dann scheint es meist so, als ob sie immer schon ein eigenes Schiff besessen hätten. Die Realität sah jedoch meist anders aus. Der erste Kampf war nicht selten der um ein eigenes Schiff.

Nach dem Ende des Seekrieges mit Holland im Frühjahr 1674 besorgte sich beispielsweise der mit dem Friedensschluss arbeitslos gewordene englische Kaperfahrer George Cusack in London illegal einen gefälschten französischen Kaperbrief und überredete sieben Seeleute, mit ihm auf Beutefahrt zu gehen. Da man kein eigenes Schiff besaß, fuhr man auf verschiedenen Schiffen nach Amsterdam, wo man unabhängig voneinander als Matrosen auf der *Robert* anheuerte, die heimlich Waffen (Karabiner, Schwerter und Pistolen) nach Newcastle schmuggeln wollte. Kurz nach Verlassen des Hafens überwältigten Cusack und Co. die Mannschaft und brachten das Schiff in ihre Gewalt. Der Kapitän und die ihm loyalen Seeleute wurden in einem Boot ihrem Schicksal ausgesetzt. Erst jetzt hatten die Beutehungrigen ein eigenes Fahrzeug, mit dem sie in den nächsten Monaten zahlreiche Raubüberfälle unternahmen, wodurch Cusack rasch zum Schrecken der Nordsee wurde.

**Typische Piratenschiffe**

Ebenso entsprachen nur die wenigsten Piratenschiffe, die in der Karibik ihr Unwesen trieben, den stattlichen Dreimastern mit turmhohen Segelaufbauten, wie wir sie aus den Kinofilmen kennen. Die Bukanier und Flibustier beispielsweise bedienten sich vorrangig kleiner, wendiger Boote, »Sloops« genannt, die im Gegensatz zu den schwerfälligen Handelsschiffen stark bemannt und schwer bewaffnet waren und aus den vielen kleinen Buchten im Inselgewirr der Antillen heraus optimal manövrieren konnten. Weltweit ist für fast alle Formen der Küstenpiraterie zu beobachten, dass sie von kleinen Fahrzeugen ausging und ausgeht. Das gilt

**Die Sloop – das typische Piratenfahrzeug in der Karibik**

für die nur wenige Meter langen Barsen oder Bardesen der mittelalterlichen Seeräuber Ostfrieslands wie für die Felucken der Mittelmeerkorsaren oder auch für die Prauen der indonesischer Seeräuber im 19. Jahrhundert, die sich vorrangig vor Anker liegender oder aufgelaufener Handelsfahrzeuge durch lautlose Überfälle bemächtigen. Neben den Sloops waren bei den Karibikseeräubern manchmal sogar noch kleinere geruderte Boote in Gebrauch, die so genannten »Pirogen«, die bei etwas Wind einen einzelnen Mast aufrichten konnten, zugleich jedoch bis zu dreißig Piraten Platz boten.

Während ein solches Gefährt auf den Überraschungseffekt des plötzlichen Auftauchens mit furchteinflößend großer Besatzung setzte, versuchten andere es mit einem Flaggentrick. William Kidd etwa näherte sich im Februar 1698 dem indischen Schiff *Quedah Merchant*, die unter der Fahne der französischen Ostindien-Kompanie fuhr, indem er selbst eine französische Flagge hisste. Dem auf diesen Trick hereinfallenden Kapitän der *Quedah Merchant* zeigte Kidd seine Kapervollmachten, die ihn zur Aufbringung von Schiffe mit französischen Schiffspässen ermächtigten, und nahm das Schiff in seinen Besitz – genau wissend, dass es sich eigentlich um ein indisches Schiff handelte, das Pässe und Flaggen der Franzosen nur zu seinem Schutz verwandte.

Im April 1787 liefen mehrere napolitanische Handelsschiffe in eine Falle. Der Dey von Algier

**Die Piraten-flaggen**

täuschte eine zweimonatige Waffenruhe mit dem Königreich Neapel und Sizilien vor. Beim Sichtkontakt mit algerischen Korsaren hissten die Napolitaner erleichtert ihre Fahne, glaubten sie doch, vor diesen sicher zu sein. Arglos liefen sie so ins offene Messer der Algerier und wurden eine leichte Beute der Korsaren. Um das potenzielle Opfer einzuschüchtern, ließen die meisten europäischen Piraten der frühen Neuzeit eine rote Fahne hissen; die so genannte »Blutfahne« sollte signalisieren, dass man keine Gefangenen machen werde. Während der Zeit der Piratenrunde kam es im Indischen Ozean gelegentlich zu politisch folgenreichen Missverständnissen, wenn europäische Piratenjäger im Dienste des indischen Großmoguls ein arabisches Handelsschiff attackierten, in

**Bartholemew Roberts' Piratenfahne (Jolly Roger)**

der falsche Annahme, es sei ein Piratenschiff, weil es eine rote Fahne trug, wie es bei vielen arabischen Stämmen üblich war. Ab dem ausgehenden 17. Jahrhundert begann der berühmte »Jolly Roger« der Blutfahne als wehendes Piratensymbol Konkurrenz zu machen. Die schwarze Fahne mit Totenkopf, gekreuzten Knochen oder Enterhaken trug in unterschiedlichen Variaten das persönliche Signum eines jeweiligen Piratenkapitäns. Zu sehen war etwa auf dem Jolly Roger von Bartholemew Roberts (»Black Bart«) ein Skelett, das höhnisch einem westindischen Gouverneur zuprostet.

Nicht immer waren die Rollen zwischen Tätern und Opfern eindeutig verteilt. Alexandre Olivier Exquemelin, ehemaliger Schiffsarzt der Bukanier, berichtete 1678 davon, dass er während seiner Atlantiküberquerung miterlebte, wie zunächst eine französische Fregatte auf Verfolgungsjagd ging, um ein englisches Kaperschiff aufzubringen. Nachdem das englische Fahrzeug realisiert hatte, dass es von seinem Verfolger nicht eingeholt werden konnte, machte es kehrt, um seinerseits das französische Schiff zu jagen.

**Verfolgungsjagden**

Kam es nun dazu, dass ein zum Überfall bereites Schiff sein Gegenüber einholen und in die Enge manövrieren konnte, lief alles auf einen erbitterten Enterkampf hinaus. Meist brachten sich die Angreiferschiffe oder -boote von der Heckseite her in Position. Sand wurde auf Deck ausgestreut, um Brände und das Ausrutschen in Blutlachen zu verhindern. In Sichtweite des Gegners kam es zunächst vor allem auf psychologische Kriegsführung an. Edward Teach (»Blackbeard«) soll sich brennende und qualmende Holzspäne unter seinen Hut gesteckt haben, um sein ohnehin schon Furcht erregendes Aussehen noch schrecklicher erscheinen zu lassen, während er mit mehreren Pistolen im Gürtel an der Reling lehnte und hinter seinem langen schwarzen Bart seine potenziellen Opfer aus grimmig blitzenden Augen böse fixierte. Gleichzeitig wurde das geg-

**Enterkampf**

nerische Schiff mit Feuer belegt. Statt mit schweren Kanonenkugeln schoss man aus Drehbassen und Kanonen oft Eisennägel und kantige Metallstücke, die als Splittergeschosse die Mannschaft verletzen, nicht aber deren Fahrzeug versenken sollten. Ließen sich die Kontrahenten immer noch nicht einschüchtern und zur Aufgabe bewegen, so war der meist blutige Enterkampf unausweichlich.

Vom Kampfverhalten der Bukanier berichtet der oben erwähnte Exquemelin, dass es ihnen ihren eigenen »Gesetzen« zufolge nicht erlaubt gewesen sei, den Gegner hinterrücks anzugreifen, ferner dass sie im Kampf Mann gegen Mann zu warten hätten, bis der Gegner seine Pistole durchgeladen hatte, bevor sie das Feuer auf ihn eröffnen dürften. Wenig spricht dafür, dass dieser geradezu ins Ritterliche überhöhte Kampfesethos der Bukanier der Realität entsprach. Realistischer dagegen erscheint der in den Piratengesetzen zu findende Grundsatz, der Räuberkapitän – bei seinen Entscheidungen ansonsten an die Zustimmung seiner Mannschaft gebunden – habe im unmittelbar tobenden Entergefecht uneingeschränkte Befehlsgewalt besessen; denn für Diskussionen war wahrlich keine Zeit, wenn der Gegner rasch schachmatt gesetzt werden sollte. Im laufenden Angriff konnten auch psychologische Waffen zum Einsatz kommen. Bartholomew Roberts (»Black Bart«) etwa setzte Musikanten ein, deren nervenzerreißendes Spiel die Verteidiger zermürben sollte. Wer sich vorstellen möchte, wie es gewesen sein könnte, bei einem solchen Enterkampf auf engstem Raum und schwankenden Schiffsplanken, zwischen Todesschreien, fliegenden Metall- und Holzsplittern, beißendem Rauch und herunterstürzender Takelage, der sehe sich am besten das Gemälde von Howard Pyle (1903) über Blackbeards letzten Kampf an, wo man als Betrachter direkt in die Mündung einer Piratenpistole blickt.

Was mit den Überlebenden geschah, hing nicht selten davon ab, wie blutig der Enterkampf verlaufen war. Eine schnelle Aufgabe und möglichst wenig vergossenes Piratenblut erhöhten die Überlebenschancen der von den Seeräubern Gefangenen. Eine Garantie dafür gab es freilich nie. Obwohl Henry Every, als er im September 1695 im Indischen Ozean die *Ganj-i-Sawai* überfiel, auf nur sehr geringe Gegenwehr stieß, richteten seine Männer auf dem indischen Mogulschiff ein

**Blackbeards letzter Kampf (Ausschnitt). Howard Pyle (1903)**

regelrechtes Blutbad an. Mehrere Tage wüteten sie an und unter Deck; die auf dem Pilgerschiff mitgereisten Frauen, fast durchweg Angehörige des hohen indischen Adels und der Herrscherfamilie des Moguls, wurden mehrfach vergewaltigt und misshandelt. Manövrierunfähig trieb die *Ganj-i-Sawai*, nachdem die Piraten von ihr abgelassen hatten, auf die indische Küste zu und erreichte mit wenigen Überlebenden schlingernd den Hafen von Surat. Einige der geschändeten Frauen begingen kurze Zeit später Selbstmord.

**Enterung seitlich der Heckseite durch einen französischen Freibeuter**

# »Sind Piraten Freiwillige?«

## Von der Herkunft und der Motivation der Piraten

Bekanntlich ist Freiwilligkeit ein dehnbarer Begriff. Wie will man es nennen, wenn Küstenbewohner in Zeiten von Hungersnöten zum Mittel der Gewalt greifen oder Fischer ihre Fischgründe gegen fremde Fangflotten verteidigen? Soll man von »Seeräuberei«, »Mundseeraub« oder gar von »Küstenschutz« sprechen, wie in jüngster Zeit somalische Schlauchbootjäger ihr Treiben zu rechtfertigen suchen? Und was blieb Kaperfahrern, die nur Seefahrt und Kriegshandwerk erlernt hatten, anderes übrig, als auf eigene Faust Seebeute zu machen, nachdem sie bei Kriegsende in die Arbeitslosigkeit entlassen worden waren? Umgekehrt sind zu allen Zeiten Menschen immer wieder auch ohne Not zu Piraten geworden. William Kidd war ein wohlhabender Bürger und Grundbesitzer mit Frau und Kind, als es ihn noch einmal zur See zog, um als Piratenjäger und dann als Pirat Leib und Leben zu riskieren und es schließlich auch zu verlieren.

**»Mundseeraub«**

Pure Abenteuerlust oder das schnelle Geld – die wenigsten der auf der Piratenrunde Mitsegelnden suchten den Totalausstieg aus der Gesellschaft. In den Bordgesetzen von Bartholomew Roberts, den so genannten »Articles«, wurde Anfang 1720 vorsorglich eine Nichtausstiegsklausel festgelegt, welche die Seeräuber dazu verpflichtete, nicht eher von den gemeinsamen

**Rückkehr ins bürgerliche Leben**

Beuteunternehmungen abzuspringen, bevor nicht jeder einzelne der Mannschaft über einen gewissen Mindestwert an Beute verfügte. Selbst diejenigen, die vor der harten Disziplin auf den Marine- und Handelsschiffen flohen, hofften, einmal als reiche und unabhängige Männer in ihre Heimat zurückzukehren oder zumindest dort unerkannt leben zu können, wie zum Beispiel Henry Every, dessen Spuren sich im Oktober 1696 in Irland verloren, nachdem er aus dem Indischen Ozean mit reicher Beute zurückgekehrt war.

**Hohes Risiko für Leib und Leben** Noch etliche Jahre nach dem Ende der Piratenrunde erkundigten sich viele Mütter und Ehefrauen in Boston oder New York bei den englischen Behörden nach dem Verbleib ihrer Männer, die einst ihre Familien verlassen hatten, mit dem Versprechen, bald wieder zurückzukehren, und in der Hoffnung, dies mit einem indischen Seidentuch oder einer arabischen Perlenkette tun zu können. Den meisten von Ihnen gelang dies jedoch nicht. Diejenigen, die mit leeren Händen, aber lebend zurückkamen, etwa weil sie das Amnestieangebot ihrer Regierung angenommen und sich freiwillig gestellt hatten, konnten sich zu den Glücklicheren zählen. Auf die überwiegende Mehrheit wartete indes ein weitaus härteres Schicksal. Wer das Amnestieangebot ablehnte, versuchte im Inselgewirr der karibischen Antillen oder im Dickicht von Madagaskar unterzutauchen, wo er ein ärmliches Dasein fristete. Viele starben am Galgen, beim Enterkampf oder bei dem Versuch, sich der Verhaftung durch einen Piratenjäger zu entziehen, nicht wenige bei Unfällen, an Skorbut oder anderen Krankheiten. Oder sie endeten wie der deutsche Pirat Richard Sievers im Herbst 1700 in einer dunklen und feuchten Zelle in Bombay. Nur den allerwenigsten war im »goldenen Zeitalter« der Piraterie die »Vergoldung« ihrer Aktivitäten wie im Falle Henry Everys vergönnt.

Freiwillig oder nicht freiwillig, das war zugleich auch immer eine Frage nach Leben oder Tod. Zur Blütezeit der Karibikpiraterie stießen viele junge Seeleute aus eigenem Willen zu den Piraten. Manche heuerten extra auf einem englischen oder französischen Piratenjagdschiff an, um bei erster Gelegenheit zu den Bukaniern oder Filibustiern überzulaufen. Wenn ein Schiff oder Boot in die Hände solcher Piraten geriet, war es üblich, dass die besten Matrosen des Opferschiffes in die Räubermannschaft aufgenommen wurden, sei es durch freiwilligen oder erzwungenen Übertritt. Nachdem die Piratenflottille von Bartholomew Roberts im Februar 1722 vor der westafrikanischen Küste durch englische Marineschiffe gestellt worden war, wurden die gefangenen Piraten in Cape Coast Castle verhört. Die meisten von ihnen sagten aus, sie seien mit Gewalt dazu gezwungen worden, die schon erwähnten »Pirates Articles« von Roberts zu unterschreiben. Ob zutreffend oder nicht, jedenfalls kam das englische Gericht nicht umhin, 74 von insgesamt 165 Angeklagten für unschuldig zu erklären und freizulassen. Nicht überzeugen ließ es sich dagegen durch die Aussage von Stephen Thomas, der zu Protokoll gab, er sei die ganze Zeit betrunken gewesen und habe von den Überfällen seiner Kameraden gar nichts mitbekommen. Der Piraterie für schuldig erklärt sah Thomas seiner Hinrichtung entgegen.

# »Beten Piraten den Teufel an?«

## Welche Rolle Glaube und religiöser Gegensatz in der Geschichte der Piraterie spielen

Um internationale Verbrecher wie Georg Cusack, der uns oben bereits als maritimer Plagegeist der Nordsee am Ende des dritten englisch-holländischen Seekrieges (1674) begegnet ist, als Feinde aller Menschen zu stigmatisieren, lag es nahe, sie obendrein ebenso als Gottesverächter und Teufelsanbeter anzuprangern. Nach Auskunft zweier kleiner Druckschriften, die in London anlässlich seiner Verhaftung und späteren Hinrichtung am 30. Januar 1675 veröffentlicht wurden, soll Cusack nicht nur das portugiesische Schiff *São José*, welches er in der Karibischen See gekapert hatte, in *Flying Devil* umbenannt haben. Zudem soll er in einem anderen Fall, nachdem er und andere, getarnt als Matrosen, auf einem Schiff angeheuert und es kurz darauf in ihre Gewalt gebracht hatten, die Schiffsbibel genommen haben, um sie über Bord zu werfen. Als einige seiner Piraten ihn daran hindern wollten, so wird berichtet, habe Cusack zu ihnen gesagt: »Ihr Feiglinge, glaubt ihr, eure Gewalttaten werden euch in den Himmel befördern? Nein, ich werde Euch unter meinem Befehl zu Offizieren der Hölle machen.«

Gottesverächter

Dass Piraterie und Gottesglaube einander ausschließen würden, wäre jedoch eine Behauptung, die sich historisch nicht halten ließe. Selbst die

Religiöse Seekämpfer

wildesten Karibikseeräuber, die sich gegen den Rest der Welt verschworen, leisteten ihren Pirateneid, glaubt man den Ausführungen bei Exquemelin, auf die Bibel. Mag man dies noch nicht unbedingt als Ausdruck tiefer Religiosität deuten, so sieht die Sache bei Moses Cohen Henrique anders aus. Nie habe er am Sabbath Beute gemacht, bekannte der jüdische Pirat, der sich wie einige andere Juden an der Zwangstaufe durch die Spanier mittels Überfälle auf Spaniens Flotte rächte. In den Gewässern vor Kuba, so der amerikanische Historiker Eduard Kritzler, gelang »El pirata Moisés« 1628 ein Aufsehen erregender Angriff auf eine Galeone der spanischen Silberflotte. *Religion matters* – Korsaren aus der Bretagne oder der Biscaya, die der Hugenotte Gaspard de Coligny als französischer Admiral ab den späten 1550er Jahren nach Westindien schickte, verstanden sich als protestantische Seekämpfer, um mit Hilfe von Kaperungen und Hafenplünderungen in Neu-Spanien eine zweite Front gegen die katholische Gegenreformation aufzumachen.

**Muslimisch-christliche Beziehungen**

Im Kaperkrieg des Mittelmeers, der seit den mittelalterlichen Kreuzzügen Schifffahrt und Seehandel bis weit ins 19. Jahrhundert immer wieder beeinträchtigte, ja, phasenweise vollständig lähmte, spielten religiöse Gegensätze eine zentrale Rolle. Von der nordafrikanischen Küste aus überfielen muslimische Seekrieger seit dem Mittelalter regelmäßig christliche Pilger- und Handelsschiffe. Umgekehrt griffen spanische Seebeutefahrer, insbesondere während der Reconquista, immer wieder Schiffe und Siedlungen der »Mauren« an. 1276 erhielt Kapitän Pere Moragues eine Kommission, um auf Kaperei (»in cursum«) gegen das islamische Spanien vorzugehen. Seebeutenahme wurde auf christlicher wie muslimischer Seite als religiöse Tat im Heiligen Krieg gegen die Ungläubigen aufgefasst. Doch zugleich pflegten Angehörige beider verfeindeter Religionen immer auch reguläre wirtschaftliche Beziehungen. Jenseits dieses eigentümlichen Nebeneinanders von räuberischem und friedlichem Handel, ist sogar zu beobachten, dass Muslime und Christen nicht selten auch auf gemeinsame Seeraubfahrt gingen. Dementsprechend galten im kirchlichen Recht seit dem 13. Jahrhundert diejenigen Christen, die auf sarazenischen Piratenschiffen dienten oder dort sogar die Befehlsgewalt innehatten, als besonders gottlos und frevelhaft. Solche Personen seien zu exkommunizieren, ihre Güter einzuziehen und sie selbst zu versklaven.

Wie wenig diese Gebote unter Umständen in der Praxis Wirkung zeigten, wird deutlich, wenn man einen Blick auf den Atlantikraum vor der Iberischen Halbinsel im ausgehenden 16. Jahrhundert wirft. Zu dieser Zeit drangen nordafrikanische Korsaren vom westlichen Mittelmeer zusammen mit marokkanischen Beutefahrern vermehrt auch in den Atlantik vor. Dort schlossen sie sich teilweise den Korsaren aus England an, um zwischen den Azoren und den Kanarischen Inseln den aus Amerika und Asien heimkehrenden West- und Ostindienfahrern der Portugiesen und Spanier gemeinsam aufzulauern. Anfang 1587 diskutierten hochrangige spanische Beamte die Verstärkung der Verteidigungsvorkehrungen auf den Kanaren gegenüber »Ingleses, o los cossarios de Argel [Algier]«. Dass Protestanten aus Nordeuropa zeitweise zusammen mit nordafrikanischen Muslimen gegen spanische Katholiken kämpften, verdeutlicht, dass trotz aller Glaubensgegensätze das religiöse Motiv gegenüber dem ökonomischen in den Hintergrund treten konnte.

# »Sind Piratenschiffe schwimmende Demokratien?«

## Wie der Alltag der Piraten aussah

Wir befinden uns im Jahre 1719 n. Chr. Ganz Europa und Amerika sind von undemokratischen Potentaten besetzt … Ganz Europa und Amerika? Nein! Einige von unbeugsamen Piraten bevölkerte Schiffe hören nicht auf, den absolutistischen Herrschern Widerstand zu leisten. Davon gehen jedenfalls viele Historiker aus und stoßen damit auf große Resonanz. Sie verweisen auf die angeblich demokratische Binnenstruktur piratischer Vereinigungen, die sich damit ausdrücklich von der sie umgebenden starren hierarchischen Standesgesellschaft absetzten. Zu diesen unbeugsamen Seeräubern wird auch der uns bereits mehrfach begegnete Bartholomew Roberts (»Black Bart«) gezählt, der 1719 während seiner Atlantikfahrten eine kleine Flotte von Piratenschiffen um sich scharte, für die er Gesetze erließ, die auf den Prinzipien von Gleichheit, Freiheit und Mitbestimmung basierten. In dieser Piratendemokratie sehen manche Geschichtsforscher den Entwurf einer Gegenkultur zum Absolutismus und den Beginn der Entstehung des modernen Proletariats.

Die Geschichte erzählt sich etwa so: Mit der Wiederherstellung der Monarchie in England wanderten ab den 1660er Jahren fundamentaldemokratische und radikalreligiöse Gruppen in

Piraten-
demokratie

Maritime
Robin Hoods?

den westindischen Raum aus. Ihr gesellschafts-
kritisches Gedankengut pflanzte sich in den
Köpfen der Bukanier und Flibustier fort, die sich
im ausgehenden 17. Jahrhundert zu autonomen
Verbänden zusammenschlossen und deren meist
international zusammengesetzte Bordbesatzun-
gen unterschiedslos Schiffe aller Länder überfielen. Es den Reichen stehlen und sich selbst
als (noch) Armen geben – der Historiker
Christopher Hill sah in den Karibikpiraten maritime Robin Hoods und bezeichnete sie mit
Eric Hobsbawm als »Sozialbanditen«.

**Die Piraten-**
**gesetze**
Gewalttätig nach außen schufen sie nach innen
ein demokratisches Regelwerk. Bartholomew
Roberts' Gesetze etwa garantierten den Seeräubern die Wahl des Kapitäns aus ihrer Mitte.
Für alle galt ein Grundrecht auf ausreichend Nahrung und Alkohol. Die Beuteaufteilung war genau geregelt, und eine Art Invalidenversicherung
sollte gewährleisten, dass den im Enterkampf
Verwundeten eine Entschädigung gezahlt wurde.
Vor der Küste von North Carolina fand der Historiker und Unterwasserarchäologe David Moore
das Wrack der *Queen Anne's Revenge*, dem mit
vierzig Kanonen bestückten Flaggschiff von Edward Teach (»Blackbeard«). Überreste einer letzten Piratenmahlzeit mit Knochen von Rindern
und Schweinen fanden sich über das ganze
Schiffswrack verstreut. Sie wurden von Moore
als Hinweise darauf gedeutet, dass gemäß der
»Articles of Agreement« jeder Pirat auf dem
Schiff den gleichen Beuteteil und ein Anrecht auf
fleischhaltige Nahrung hatte. Bis Ende der

1720er Jahre gelang es den kolonialen Mächten, allen voran Frankreich und England, durch ein hartes Vorgehen der außer Kontrolle geratenen Freibeuterei wieder Herr zu werden. Als deren Erbmasse blieb eine Seeräuberethik erhalten, die den ausgebeuteten Matrosen des 18. Jahrhunderts mit zur Ausbildung eines eigenen Klassenbewusstseins verhalf, das die Meeresproletarier später dann an das Industrieproletariat des 19. Jahrhunderts weiterreichten.

Es passt alles gut zusammen. Fast zu gut. Wer sich fragt, woher all diese Informationen stammen, der stößt rasch auf eine Quelle, die unisono von allen Historikern der Piratendemokratie als zentraler Beleg ihrer Behauptungen herangezogen wird. Gemeint ist die 1724 erstmals von einem unbekannten Autor unter dem Pseudonym *Captain Charles Johnson* publizierte »General History of the Robberies and Murders of the most notorious Pyrates«. Manche Historiker halten Daniel Defoe für den Autoren. In der »General History« sind Fakten und Fiktionen, Wirklichkeit und Imagination untrennbar miteinander verknüpft. Ob Tatsachenbericht, Seemannsgarn oder eine Mischung aus beidem – Geschichtsforscher lassen sich immer wieder dazu hinreißen, das darin Erzählte für bare Münze zu nehmen, sofern sie darin etwas Verwertbares zur Stützung ihre Thesen finden.

Doch wäre es zu einfach, lediglich festzustellen, die betreffenden Forscher würden hier vornehmlich ihre eigenen politischen Präferenzen in die

**Captain Charles Johnsons »General History«**

Abenteuergeschichten von Bartholomew Roberts und Co. hineinprojizieren. Die Sache ist viel komplizierter. So treten in der »General History« fiktive oder halbfiktive Piratenkapitäne als wohlmeinende Herrscher auf, die ihren Männern ihre natürlichen Rechte und Freiheiten zu garantieren hatten und von diesen abgesetzt werden konnten, falls ihre Kapitänsherrschaft in Tyrannei ausarten sollte. Auf diese Weise wurden Räuber der übelsten Sorte zu Verkündern einer demokratischen Theorie im Sinne von Monarchiekritikern wie John Locke und anderen liberalen Denkern der frühen Aufklärung. Ausgerechnet aus dem Munde eines von ihm zu verabscheuenden Schwerverbrechers wurde hier der Frühaufklärer mit seiner eigenen Naturrechtsphilosophie konfrontiert.

**Piraten-republiken** Lag der Beginn des Mythos also in der Kritik am Selbstwiderspruch bürgerlicher Emanzipation? Jedenfalls trugen Aufklärer und Revolutionäre weiter entscheidend zur Legendenbildung mit bei. Als das revolutionäre Frankreich 1793 auf einen europäischen Krieg zusteuerte, wurden berüchtigte Korsaren des absolutistischen Frankreichs wie Jean Bart oder René Dugay-Trouin rückwirkend zu Vorkämpfern für Freiheit und Gleichheit umdefiniert. Mit Bezug auf verschiedene politische Ideale verfestigte sich im 19. Jahrhundert die Vorstellung von Piratenschiffen als Mikrokosmen oder Inkubationsgehäuse von wahlweise Republikanern, Revolutionären, Kommunisten oder Anarchisten. In seiner »Geschichte der Flibustier« beschrieb Johann Wilhelm Archenholtz 1803 die Gemeinschaft der karibischen Piraten des 17. Jahrhunderts als »auf den Westindischen Meeren schwimmende Republik geborner Europäer«, deren alleiniges Staatsgebiet das Schiff sei. Ein maritimes Staatsgebiet, das Michel Foucault später als Milieu des Uneinheitlichen verstand: »Das Schiff ist die Heterotopie par excellence. Zivilisationen, die keine Schiffe besitzen, sind wie Kinder, deren Eltern kein Ehebett haben, auf dem sie spielen können. Dann versiegen die Träume. An die Stelle des Abenteurers tritt dort die Bespitzelung und an die Stelle der glanzvollen Freibeuter die hässliche Polizei.«

Auf der anderen Seite wäre es eine grobe Verkürzung, würde man die These von der Seeräuberdemokratie als bloßes literarisches Konstrukt sozialrevolutionärer Traumwelten bezeichnen. Für die Existenz von Piratengesetzen – dem Kernbeleg der Piratendemokratiethese – lassen sich Quellenhinweise tatsächlich auch außerhalb der »General History« und anderer populärer Reise- und Memoirenliteratur finden. So etwa enthalten die in den Londoner National Archives überlieferten Gerichtsprotokolle zum Verfahren gegen die verhafteten Seeräuber aus der Freibeuterflotille Bartholomew Roberts' mehrfach Erwähnungen der »Piratical Articles«, die von seinen Gefolgsleuten unterzeichnet wurden. An der Küste Guineas hatte der dreiste Piratenkapitän aus Pembrokshire seit 1721 zahlreiche Sklavenschiffe überfallen, aber nicht etwa um die Versklavten zu befreien, sondern diese ge-

**Piraten als Sklavenhändler**

winnbringend an illegale Menschenhändler weiterzuverkaufen. Wie bei den meisten bürgerlichen Liberalen in England umfasste auch Roberts' Egalitäts- und Freiheitsbegriff offenbar nicht unterschiedslos jeden Menschen.

Wie aber sah es nun mit den Piratengesetzen selber aus? Schauen wir uns die Gesetze von »Black Bart« einmal genauer an. Neben den oben erwähnten Regeln mit demokratischen Elementen zielte die Mehrheit der Artikel – in der Überlieferung *Captain Charles Johnsons* – auf die Stabilität einer militärisch einsatzbereiten und schlagkräftigen Organisation. Die Festlegung von Strafen bei Streit oder Betrug, das Verbot von Geldspiel, die Einhaltung der Nachtruhe unter Deck oder die Pflicht der Instandhaltung der Waffen verweisen weniger auf politische Ideale, sondern zeugen eher davon, so auch der Wirtschaftshistoriker Peter T. Leeson, dass sie zur Disziplinierung der Mannschaft und effektiven Durchführung ihrer Raubunternehmungen aufgestellt wurden.

**Strenge Schiffsdisziplin**

Um straffe Disziplin und Ordnung ging es auch im Verhaltenskodex der chinesischen Piratenkonföderation von Guandong. Noch mehr als bei den – älteren – Artikeln ihrer westindindischen Kollegen standen harte Strafen im Vordergrund der von Zheng Yi Sao erlassenen Regeln. Wem nachgewiesen werden konnte, dass er sich dem Befehl eines Vorgesetzten widersetzt habe, musste damit rechnen, geköpft zu werden. Auf die Vergewaltigung von weiblichen Gefangen stand ebenfalls die Todesstrafe. Deserteure wurden mit dem Abschneiden eines Ohres und ihrer öffentlichen Zurschaustellung vor dem Piratengeschwader bestraft. Piraten, die des Diebstahls überführt wurden, sollten wie Schwerverbrecher bestraft werden. Elemente von Gleichberechtigung oder Mitbestimmung sucht man im Kodex der chinesischen Piraten aus Guandong allerdings vergebens.

Waren einige Historiker der 1970er und 1980er Jahre primär daran interessiert, die Geschichte des Klassenkampfes und der Arbeiterbewegung bis in das ausgehende 16. Jahrhundert zurückzuverlängern, scheinen gegenwärtig manche die Sozialrebellen-These auf die historischen Karibikseeräuber aus einem anderen Grund zu übertragen. Nämlich, um in ihnen Vorläufer der heutigen Somaliapiraten erblicken zu können, die sich aus Not und Elend gegen die Ausbeutung ihrer Fischbestände durch internationale Fangflotten zur Wehr setzten. Globalisierungsverlierer als Räuberrebellen in Badelatschen und Gummibooten? Einer solchen Übertragung gegenüber ließe sich die bereits an Hobsbawm geübte Kritik reformulieren, dass eine klare Grenzziehung zwischen gewöhnlichem Verbrecher und edlem Räuber letztlich nicht durchzuhalten ist.

# »Ist Piraterie Männersache?«

## Von berühmten Piratinnen

Zuckerbrot und Peitsche – John Rackham (»Calico Jack«) gehörte zu den Karibikpiraten, die 1718 das von Woodes Rogers, dem Gouverneur der Bahamas, erlassene Amnestieangebot für Seeräuber, die sich der neuenglischen Admiralität ergeben würden, ausschlugen. Umso härter traf ihn die Peitsche, als Rackham im Herbst 1720 von einer Marineschaluppe gefangen genommen, in St. Jago de la Vega auf Jamaika zum Tode verurteilt und noch vor Jahresende hingerichtet wurde. Als zwei weitere Piraten aus Rackhams Mannschaft für schuldig befunden und zum Tode verurteilt wurden, gaben sich die beiden im Gerichtssaal als Frauen zu erkennen, die zudem beide schwanger waren. Den englischen Strafgesetzen gemäß wurde die Hinrichtung zwar nicht aufgehoben, jedoch bis zur Geburt und dem Ende der Stillzeit aufgeschoben.

**Anne Bonny und Mary Read** Die Geschichte, heute bekannt vor allem durch ihre Überlieferung in der »General History« von *Captain Charles Johnson*, ist so unglaublich, dass sie eigentlich gar nicht unwahr sein kann. Und tatsächlich beruht die Geschichte der zwei schwangeren Piratinnen, Anne Bonny und Mary Read, auf einem realen Hintergrund. Ihr spektakuläres Coming-out im jamaikanischen Gerichtssaal ist durch amtliche Protokolle bestätigt. Was allerdings in der »General History«, welche ausführlich die abenteuerliche Lebensgeschichte der beiden Frauen, die als Männer verkleidet zu verschiedenen Zeiten auf ein und dasselbe Piratenschiff gelangten, den Tatsachen entspricht und was davon nicht stimmt, wird sicherlich nie ganz zu klären sein. Folgt man den Schilderungen von *Captain Charles Johnson,* so treten einem zumindest deutlich die bürgerlichen Leser und (wenigen) Leserinnen der Frühaufklärung vor Augen, an die sich der Autor richtet.

In der Schilderung geht es weniger um blutige Enterkämpfe oder sagenhafte Schätze, sondern um Frauen, die ihrer klassische Rolle – teils dazu gezwungen, teils freiwillig – zu entkommen suchten, indem sie in Männerkleider schlüpften. In einer männlich dominierten Gesellschaft schien ein solcher Rollenwechsel nur möglich zu sein, indem die Frauen noch männlicher als ihre Kollegen des anderen Geschlechts auftraten. Härter noch als die härtesten Männer – unter der Feder von *Captain Charles Johnson* wurden Anne Bonny und Mary Read zu weiblichen Heroen mit entschlossenem Ethos. Gefragt, ob sie keine Angst vor ihrer Hinrichtung habe, soll die zum Tode verurteilte Mary Read geantwortet haben: ohne die abschreckende Wirkung der Todesstrafe könne jeder Feigling Pirat werden. Überschwemmt von Feiglingen, wagte sich dann kein Handelsschiff mehr aufs hohe Meer, so dass sich Seeraub nicht mehr lohnen würde.

Andererseits sind es immer wieder gerade Anne Bonny und Mary Read, die Gefühle zeigen und ihnen erliegen. Die Liebe sei erfinderisch, heißt es an mehreren Stellen im Text. So etwa hätten es beide verstanden, ihre Brüste im richtigen Moment teilweise zu entblößen und es zugleich wie ein reiner Zufall oder Missgeschick aussehen zu lassen, sobald sich eine der beiden Verkleideten in einen Soldaten, Marineoffizier oder Piraten verliebt hatte. Was hinter der Piratengeschichte zum Vorschein kommt, sind Anklänge an die so genannte »Empfindsamkeit« der frühen Aufklärung. Die Erzählung der Schicksale der Seeräuberinnen diente als Vehikel eines von sozialen Schranken und gesellschaftlichen Konventionen freien Liebesbegriffes. Besonders deutlich kommt dies an jener Stelle im Text zum Tragen, an der über Mary Read berichtet wird, sie habe sich mit dem Matrosen ihres Herzens auf einem Schiff auf hoher See ohne Geistlichen durch eine reine »Gewissens-Heirat« vermählt, die für sie genauso bindend sei wie die Trauung vor einem Altar. So wird einerseits zwar ein Emanzipationspotenzial zumindest unterschwellig sichtbar, doch andererseits bleibt die Frau ihrem klassischen Klischee als Vertreterin desjenigen Geschlechts verhaftet, das stärker als das andere von Emotionen geleitet wird. Dass sich die Erzählung letztlich doch vorrangig an Männer richtete, kommt nicht zuletzt darin zum Vorschein, dass auf den zahlreichen Abbildungen des 18. Jahrhunderts Anne Bonny und Mary Read keineswegs als in Männerkleidung unkenntlich Versteckte, sondern deutlich als Frauen in ihrer teilweise entblößten Weiblichkeit zu erkennen sind. Vielleicht ist diese erotische Komponente ja aber auch als versteckter Hinweis darauf zu lesen, wer tatsächlich als das eigentlich emotionsgesteuerte Geschlecht zu gelten habe?! Jedenfalls beendet *Captain Charles Johnson* seine Schilderung mit dem Hinweis, Mary Read sei noch im Gefängnis verstorben, während Anne Bonny sich bis zum Wochenbett in Haft befunden habe. Doch »was seither aus ihr geworden ist, können wir nicht sagen: nur das eine wissen wir, dass sie nicht hingerichtet wurde.«

Neben den beiden aus Rackhams Mannschaft kennt die Geschichte der Piraterie weitere Seeräuberinnen, meist legendenhaft überhöht, wie beispielsweise in der zweiten Hälfte des 16. Jahrhunderts Grace O'Malley, die » Pirate Queen« der Iren und Gegenspielerin der englischen Königin Elisabeth I. Doch die erfolgreichste Piratin vermutlich aller Zeiten stammte weder aus Europa noch aus Westindien, sondern aus dem fernen Osten. Als Witwe von Zheng Yi, der bis zu seinem Tod im November 1807 in der chinesischen Provinz Guangdong mehrere Verbände größerer Seeräubergruppen zu einem einzigen großen Piratenbund zusammengeschlossen hatte, trat Zheng Yi Sao unangefochten die Nachfolge ihres Mannes an. Zusammen mit Zhang Bao (auch: Chang Pao), der sich als Sohn eines Fischers im Alter von 15 Jahren dem Bund angeschlossen hatte, erweiterte die ehemalige Prostituierte noch mehr die ohnehin schon einer riesigen Armee gleichenden Piratenstreitmacht. Zugleich ging

**Zheng Yi Sao**

sie mit dem etliche Jahre jüngeren Zhang Bao eine Liebesbeziehung ein. Unter den verschiedenen Teilflotten war diejenige, die den beiden

**Zheng Yi Sao beim Enterkampf; stilisierte Darstellung (1836)**

unterstand, die beeindruckendste. Mit über 17.000 Piraten und einigen Hundert Schiffen war die so genannte »Flotte der roten Fahne« allen anderen Teilverbänden der Piratenkonföderation an Kämpfern und Fahrzeugen zahlenmäßig bei Weitem überlegen. Im Unterschied zu ihren westlichen Kolleginnen im 18. Jahrhundert hatte es Zheng Yi Sao, von Zeitgenossen oft als »Drachenherrscherin« bezeichnet, nicht nötig, sich in Männerkleidung zu verstecken. Einer Königin gleich schaffte sie es, Abertausende von verwegenen, raubeinigen Meeresbriganten ihrer uneingeschränkten Herrschaft auf Gedeih und Verderb zu unterwerfen.

# Seeräuberei als Teil des Welthandels

## »Warten noch viele vergrabene Piratenschätze auf ihre Entdeckung?«

**Was an der »Schatzinsel« oder an
»Fluch der Karibik« leider nicht stimmt**

Es war ein bitterkalter und nasser Sommer in den schottischen Highlands, als ein lungenkranker Romancier, Sohn der bedeutendsten Familie einheimischer Leuchtturmbauer, damit begann, eine Geschichte niederzuschreiben, um sich und seinem 12-jährigen Stiefsohn die Zeit zu vertreiben. Tag für Tag verfasste er ein neues Kapitel, das abends der kleinen Familie und Freunden am Kaminfeuer vorgetragen wurde. So entstand die bis heute wohl weltweit berühmteste Piratengeschichte: »Die Schatzinsel«, 1883 erstmals in englischer Sprache erschienen. Ihr Autor, Robert Louis Stevenson, sollte erst später den Ort seiner Südseesehnsucht bereisen. Erst dort erfuhr er, folgte man den Ausführungen von Alex Capus in seinem sorgfältig recherchierten Tatsachenroman »Reisen im Licht der Sterne«, von dem Schatzsucherfieber, das seit dem frühen 19. Jahrhundert Hunderte von Abenteurern gepackt

R. L. Stevensons
»Schatzinsel«

hatte, die an die Küste des heutigen Costa Rica aufgebrochen waren, um dort auf der vorgelagerten »Kokosinsel« nach dem sagenhaften Kirchenschatz von Lima zu graben.

Seit Stevensons Erzählungen sind Piraten, die schwere eisenbeschlagene Holztruhen am Strand oder im Palmendickicht vergraben, und geheimnisvolle Schatzkarten, deren Besitz vielen das Leben kostete, nicht mehr aus der modernen Imagination vergangener piratischer Lebensweisen wegzudenken. Dass solche Schätze ihr wertvolles Gut aus spanischem Silber, Goldmünzen, unbezahlbaren Perlenketten und Seidentüchern erst preisgaben, nachdem ein sie schützender Zauber gebrochen war, daran haben uns unlängst die Filmemacher von »Pirates of the Caribbean« (»Fluch der Karibik«) erinnert. Doch ist der Topos vom beuteeinbuddelnden Seeräuber genauso weit verbreitet wie von der Realität entfernt. Wie jede Ökonomie konnte auch die Piratenwirtschaft nur funktionieren, wenn man das (mit Gewalt) Erworbene gewinnbringend wieder dem wirtschaftlichen Kreislauf zuführte. Wer etwas Erbeutetes vergrub, konnte sich gleich selbst mit begraben, denn ohne einen Wertgegenstand hatte ein Pirat nichts, was er für sein Überleben verkaufen oder tauschen konnte. Hinzu kommt, das im Regelfall piratische Beutegüter – etwa zur Zeit der Piratenrunde – nicht haltbares Edelmetall, sondern leicht vergängliche Dinge wie Gewürze, Kaffee, Baumwolle, Holz oder Farbstoffe umfassten, die rasch an Wert verloren, wenn es nicht gelang, sie umgehend wieder zu veräußern. So fand die Piratenrunde vor allem deshalb ein Ende, weil es den englischen und französischen Piratenjägern gelang, die Handelsverbindungen der Roundsmen zu ihren Hintermännern zu kappen, weshalb die Piraten im Indischen Ozean bald nicht mehr in der Lage waren, ihre erbeuteten Waren in bare Münze oder Alkohol umzuwandeln. Am Strand der vor Madagaskar liegenden Insel Saint Marie fand die Royal Navy 1723 größere Haufen an Säcken, gefüllt mit kostbaren Waren wie Pfeffer, Nelken und Zimt, von den Piraten dort zurückgelassen, weil sie diese Waren nirgendwo mehr gewinnbringend und gefahrlos absetzen konnten.

Dennoch existieren Piratenschätze wirklich! Allerdings nicht tief unter der Erde, sondern in den Tiefen des Meeres. Heute sind Piratenschiffe selbst Schatztruhen, und Unterwasserarchäologen oder Abenteurer wie Barry Clifford sind die eigentlichen Schatzjäger. Letzterer hatte bereits an der US-amerikanischen Küste von Cape God die im April 1717 in einem starken Sturm gesunkene *Whydah* des berüchtigten Seeräubers »Black Sam« Bellamy ausfindig gemacht, bevor er 2000 vor der Küste Madagaskars mehrere Piratenwracks entdeckte. Was Clifford zunächst für die Überreste von William Kidds *Adventure Galley* hielt, stellte sich schließlich als die *Fiery Dragon* des gefürchteten Piraten »One Hand« William Condent heraus. Sein Schiff sank 1721 mitsamt der teuren Fracht wertvollen Porzellans, nachdem während einer Piraten-

**Echte Schätze**

party Feuer an Deck ausgebrochen war. Wenn von Piraten geraubte Schätze verschwanden, dann also nicht, weil sie vergraben wurden, sondern weil sie versanken und ihre Räuber gleich mit in die Tiefe rissen.

# »Sind Piraten nicht ein Teil des Welthandels?«

## Seeräuber als Global Player

Lange Zeit betrachtete man Seeräuber als bloße Schmarotzer und parasitäre Schädlinge von Seehandel und Schifffahrt. Erst in jüngerer Zeit geraten immer mehr auch Seiten der Piraterie in den Blick, die auf weitergehende funktionale Zusammenhänge zwischen legalen und illegalen Formen des Wirtschaftens schließen lassen. Zum Beispiel hat die Wirtschaftshistorikerin Nuala Zahedieh auf breiter Quellenbasis herausgearbeitet, dass die bukanische Piraterie um 1650 in der Karibik keinen *externen* Störfaktor von Wirtschaftsbeziehungen, sondern – im Gegenteil – einen wichtigen *internen* Brückenfaktor im ökonomischen System Westindiens darstellte. Von Bukaniern geraubtes spanisches Silber wurde zur Errichtung von Zuckerrohrplantagen auf Jamaika reinvestiert. Erlöse aus Piraterie und Schleichhandel bildeten so das finanzielle Startkapital für die kosten- und arbeitsintensive, aber hohe Gewinne bringende Plantagenwirtschaft auf Jamaika. Piraterie als Anschubfinanzierung für eine der ertragreichsten Wirtschaftsformen des westindischen Kolonialismus – als buchstäbliche Verkörperung dieses Zusammenhangs lässt sich auf den erfolgreichen Bukanierkapitän Henry Morgan verweisen, der aus den Erträgen seiner Kaperfahrten eine beachtliche Zuckerrohrfarm aufbaute und dabei vom drahtigen Freibeuter zum rundlichen Großgrundbesitzer mutierte.

**Piraten als Investoren**

Nicht nur für kleinere, selbst für großräumige
Wirtschaftsstrukturen konnten Piraterie und ille-
galer Beutehandel eine durchaus wichtige Rolle
spielen. Das zeigt sich zum Beispiel anhand der
Piratenrunde, der nahezu globalen Verflechtung
der Seeräuberei zwischen 1685 und 1725. Eini-
ges spricht dafür, diese Verflechtung, welche in
ihrer größten Ausdehnung von Neufundland
bis Indonesien reichte, nicht nur als eine geo-
grafische Ausweitung der amerikanischen und
europäischen Piraterie zu verstehen, sondern als
komplexes ökonomisches System. Schon Werner
Sombart rechnete die »gewaltsame Wegnahme
von Gütern« zu den bis ins 18. Jahrhundert in
allen Kulturländern »üblichen Formen der Ver-
mögensbildung«. Geht man mit dem Historiker
David J. Starkey davon aus, dass die ökonomische
Funktion von Piraterie grundsätzlich darin besteht, ein Ungleichgewicht zwischen Angebot
und Nachfrage auszutarieren, könnte man hinsichtlich der Piratenrunde auf die durch die
Monopolpolitik bedingte Knappheit der in den
Kolonien Amerikas benötigten Waren und Güter
verweisen. Insbesondere in den englischen Kolonien Westindiens und Nordamerikas führten die
protektionistischen Gesetze der Navigation Acts
von 1651, die den kolonialen Handel strikt an das
Mutterland banden, dazu, dass Kolonialhändler
an ihren Exportwaren (etwa Farbstoffe, Zucker,
Tabak oder Kakao) wenig verdienten, während
sie für Importgüter (Sklaven, Textilien, hand-
werkliche Produkte oder Waffen) hohe Preise
zahlen bzw. hohe Steuern oder Zölle entrichten
mussten.

Die Bereitschaft der Kolonialisten, die Beschränkungen der Handelsmonopole zu umgehen, hatte die Schwelle zur informellen Kooperation mit Piraten, Schmugglern und Schleichhändlern erheblich sinken lassen. Auf den Bermudas, in New York oder Rhode Island ließen sich die Kolonialbehörden immer wieder darauf ein, die illegalen Geschäfte der Amerikaner zu decken. Bezüglich der Piratenrunde kam hinzu, dass sie letzteren neben der Möglichkeit, günstiger an europäische Waren oder afrikanische Sklaven heranzukommen, auch die Gelegenheit gab, rare Luxusgüter wie feine Textilwaren, Edelmetalle oder Schmuck direkt aus Ostindien erhalten zu können. Ökonomisch betrachtet standen Piraten und Schleichhändler damit nicht auf der Seite der Produktion, sondern auf der Seite der »Dienstleistung«. In Bezug auf den transkontinentalen Handel übernahmen sie die Funktion des Transportes und der Distribution von Waren, Gütern und Arbeitskräften (Sklaven). Man könnte hier insofern von einem verdeckten Logistikunternehmen sprechen, das neben den offiziellen Handelsbeziehungen eine alternative Marktverflechtung erzeugte, die zwar auf der Schattenseite der durch Monopole und staatliche Lizenzen dominierten internationalen Handelspolitik lag, zugleich aber als Reaktion auf diese zu ihr gehörte wie die zweite Seite ein und derselben Medaille. Indem dabei Beute beständig in Kapital transformiert wurde, blieben beide Seiten im »Beutekapitalismus«, wie bereits Max Weber betont hat, untrennbar miteinander verbunden.

Beschreiben lässt sich die Piratenrunde als ein komplexes Netzwerk von Schiffsverbindungen, das zahlreiche Häfen und Landstützpunkte in der Karibik, in Nordamerika und Europa mit entsprechenden Anlaufstellen in Afrika und im Indischen Ozean verknüpfte. Ausgangspunkte waren nicht selten die größeren Hafenstädte Neuenglands wie Boston, Providence oder New York. Zur entscheidenden Zwischenstation, zum Umschlagplatz der im Arabischen Meer gemachten Piratenbeute wurde wegen ihrer strategisch günstigen Lage und dem Fehlen kolonialer Autoritäten die Insel Madagaskar, wo in den 1690er Jahren ein regelrechter Piratenstützpunkt entstand. Auf dem Rückweg nach Westindien und Nordamerika bildeten die unübersichtlichen Inselzusammenhänge der Kleinen Antillen sowie die Inselgruppen der Bahamas und Bermudas ideale Knotenpunkte für den Tausch oder Weiterverkauf der umgeschlagenen Beutegüter.

**Ein preußischer Piratenhafen** Von den Antilleninseln erwies sich St. Thomas als hierfür besonders geeignet. Dort hatten Deutsche aus Kurbrandenburg von der dänischen Westindienkompanie Ende des 17. Jahrhunderts wirtschaftliche Nutzungsrechte erworben. Da die Newcomer im Westindiengeschäft rasch hohe ökonomische Gewinne einfahren wollten, zeigten sie sich gegenüber den Roundsmen besonders kooperationswillig. Als der Mediziner Johann Peter Oettinger im Juli 1693 auf St. Thomas eintraf, beobachtete er im dortigen Hafen ein friedliches Nebeneinander von Kaperschiffen

SEERÄUBEREI ALS TEIL DES WELTHANDELS

und Handelsschiffen fast aller Seefahrernationen. Bald hatte sich herumgesprochen, dass die von den Betreibern der preußischen Faktorei kontrollierte Insel einen Ort bot, an dem alle sonstigen Gegensätze für die Dauer des Hafenaufenthaltes aufgehoben waren. Kriegsschiffe befeindeter Länder konnten dort ebenso ungestört nebeneinander ankern wie Fahrzeuge konkurrierender Handelsgesellschaften oder Räuberschiffe neben potenziellen Beuteschiffen. Kein Wunder also, dass von ihrer Runde in den Indischen Ozean zurückkehrende Kapitäne wie William Kidd oder Tempest Roger 1699 mit ihrer Beute in St. Thomas Unterschlupf suchten und dort auch fanden.

Jenseits der offiziellen Marktbeziehungen etablierte der Unternehmer, Sklavenhändler und Finanzier Frederick Philipse in den 1690er Jahren einen schwunghaften Schwarzhandel zwischen New York und Madagaskar. Sein Verbindungsmann war Adam Baldridge, aus dem Dunstkreis der jamaikanischen Bukanier stammend, der im Januar 1691 die kleine Insel Saint Mary's Island (Isle Sainte-Marie) an der Nordostküste Madagaskars erreichte, vor Ort einen befestigten Stützpunkt anlegte und mit den im Indischen Ozean jagenden Piraten zu handeln begann. Hier fanden die Piraten einen sicheren Hafen, wo sie ihre Schiffe kielholten und sich verproviantieren konnten; hier verkauften und tauschten sie ihre Beute. Viele nutzten die Gelegenheit, um von einem Raubschiff abzuheuern und auf Saint Mary eine Ruhephase einzulegen.

**Madagaskar als Warendrehscheibe**

So konnten sie dort warten, bis sich eine neue Gelegenheit zum Anheuern ergab, weshalb Piratensegler auf ihrem Weg in das Arabische Meer oder in den Persischen Golf ihr Schiffspersonal an der Küste von Madagaskar jederzeit problemlos ergänzen konnten. In den nächsten Jahren schickte Philipse regelmäßig Schiffe nach Saint Mary's Island, beladen mit Kleidung, Materialien zur Schiffsausrüstung, Waffen, Munition und Alkohol, etwa »5 barrels of rum« und »4 quarter casks of Madeira wine« wie im Fall der *Charles*, die am 7. August 1693 ihr Ziel erreichte. Im Tausch gegen diese Güter erhielten Philipses Kapitäne von Baldridge Wertgegenstände aus der Piratenbeute sowie vor allem Sklaven.

Viele der Roundsmen hatten sich darauf spezialisiert, während ihrer Raubfahrten entlang der ostafrikanischen Küste und auf Madagaskar Einheimische zu versklaven, indem sie die verfeindeten indigenen Stämme gegeneinander ausspielten. Baldridges Piratenstützpunkt entwickelte sich so gewissermaßen zum zentralen »Entrepôt« für den Transport ostafrikanischer Sklaven in die amerikanischen Kolonien. Dabei überstieg nicht selten die Nachfrage das Angebot. Von den 200 aus New York geforderten Sklaven konnten 1691 nur 44 geliefert werden. Für die Heimreise kamen neben der Ladung und den Sklaven auch diejenigen Piraten als zahlende Passagiere mit an Bord, die aussteigen und sich »zur Ruhe« setzen wollten. Getarnt als offizielle Sklavenschiffe der »East India Company« konnten die Schiffe dann auf dem Rückweg reguläre Wegstationen wie die im Südatlantik gelegene Insel St. Helena anlaufen. Während aber ein Großteil der Sklaven meist problemlos auf die Tabakplantagen oder in die Städte Neuenglands gelangte, konnte der Handel mit den begehrten Kostbarkeiten aus Ostindien leicht Aufsehen erregen. In einem Fall ließ Philipse solche wertvollen Ostindiengüter noch vor ihrer Ankunft in New York auf ein anderes Schiff umladen und nach Europa bringen. Doch auch der direkte Weg nach London erschien ihm als zu gefährlich, weshalb die Ladung im Hafen von Hamburg gelöscht und verkauft, der Gewinn dann anschließend nach New York transportiert wurde.

Auf diese Weise trugen die Teilnehmer der Piratenrunde im Rücken legaler Handelsverflechtungen dazu bei, die Wirtschaftsräume von Westindien und Ostindien stärker miteinander zu vernetzen. Insbesondere galt dies für den Sklavenhandel. Durch die »wilde« Versklavung von Ostafrikanern im Indischen Ozean halfen die Piraten indirekt mit, für den internationalen Sklavenhandel neue Märkte zu erschließen. Obgleich die Royal African Company ein Verbot des Handels mit versklavten Madagassen im englischen Parlament durchsetzen konnte, erhielt die South Sea Company, die von der Londoner Regierung ein Monopol für den Südamerikahandel bekommen hatte, eine Lizenz von der East India Company, die es ihr erlaubte, madagassische Sklaven nach Buenos Aires zu

**Westindien und Ostindien rücken näher zusammen**

transportieren. In welchem Maße die Seeräuber der Piratenrunde tatsächlich zur Bildung eines indo-atlantischen Wirtschaftszusammenhangs als Etappe auf dem Weg zu einer globalisierten Ökonomie beitrugen, ist eine derzeit noch offene Frage, zu deren Beantwortung weitere, vor allem wirtschaftshistorische Forschungen notwendig sind. Manches deutet darauf hin, dass die »long-distance piracy« nicht nur ein (unerwünschtes) Beiprodukt des »long-distance trade« gewesen ist, sondern die Netzwerkstrukturen des frühneuzeitlichen Fernhandels auch aktiv mitgestaltet hat.

**Freibeuterei und Freihandel**

Ökonomisch betrachtet war Seeräuberei im viel zitierten »goldenen Zeitalter« der Piraterie also auch eine Folgeerscheinung der europäischen Politik weltweiter Handelsmonopole und Wirtschaftskartelle. Um sich von diesen Beschränkungen zu lösen, waren die Kolonialisten in Amerika und Westindien bereit, sich auf den illegalen Handel mit den Roundsmen einzulassen. Ein ähnliches Muster des Zusammenhangs von Protektionismus und Piraterie, das bestätigt auch der Konstanzer Wirtschaftsprofessor Franz Böni, lässt sich ebenfalls für den frühneuzeitlichen Korsarenkampf im Mittelmeer beobachten. Auf der einen Seite waren europäische wie nordafrikanische Seebeutefahrer vom späten Mittelalter bis ins 19. Jahrhundert wesentlich für die Unterdrückung freier Handelsbeziehungen verantwortlich. Andererseits hatte das Korsarentum – sowohl in seiner muslimischen wie christlichen Spielart – durch das

Angebot von Beutewaren auf Märkten und das Unterlaufen von Kartellen und Monopolen unbeabsichtigt zur Entstehung einer Wirtschaftsordnung beigetragen, wie sie später auf der Basis des klassischen Liberalismus realisiert wurde.

# Der Pirat als Popstar

»Gehörten Augenklappe, Holzbein und
Papagei wirklich zum Piraten?«

**Wie Piraten aussahen und warum wir sie uns
heute anders vorstellen**

Wer wissen möchte, wie »echte Piraten« aussehen, sei noch einmal daran erinnert, dass die
Frage, wer Pirat ist und wer nicht, eine Frage der
Perspektive und der Definitionsmacht ist. Piraten können also aussehen wie Sie und ich. Fragt
man jedoch danach, ob beispielsweise unsere
heutiges Bild vom Aussehen der Seeräuber während der Piratenrunde, also in der »goldenen«
Epoche der Piraterie, der historischen Wirklichkeit entspricht oder nicht, sieht die Sache anders
aus. Darauf lässt sich antworten, dass unsere heutige Imagination vom typischen Karibikseeräuber mit Augenklappe und Holzbein, mit Metall-
haken als Handprothese und einem Papagei auf
der Schulter in einer Zeit geprägt wurde, als die
Hochblüte der Karibikpiraterie bereits mehr als
einhundertfünfzig Jahre zurücklag. Betrachtet
man hingegen zeitgenössische Darstellungen,
etwa Abbildungen, wie sie in frühen Auflagen

**Aussehen**

von Exquemelins Seeräuberbuch aus dem Jahr 1678 oder der »General History« von 1724 zu sehen sind, dann suchen wir die uns vertrauten Attribute vergeblich. Vielleicht nicht zuletzt auch deshalb, weil man wusste, dass versehrte Piraten mit Stahl- oder Holzprothesen für eine aktiv kämpfende Piratenmannschaft nicht von Nutzen sein konnten, sondern eher ein Fall für die piratische Invalidenversicherung, sofern vorhanden, waren und allenfalls als Schiffskoch einzusetzen waren. Immerhin findet sich eine Darstellung von Edward Teach (»Blackbeard«), die den gefürchteten Piraten nicht nur mit seinem langen verfilzten Bartgeflecht, sondern auch mit den berüchtigten rauchenden Holzspänen unter seinem Hut zeigt.

**Edward Teach (»Blackbeard«) mit qualmenden Holzspänen unter seinem Hut**

**Schatzkisten** Augenklappe oder Piratenkopftuch fehlen jedoch. Ebenso wenig stoßen wir in dieser Zeit auf Darstellungen von Seeräubern, die ihre Schätze heimlich ver- oder wieder ausgraben. Zu typischen Kennzeichen verfestigten sich solche Motive erst, als 1903 der Amerikaner Howard Pyle sein reich bebildertes »Book of Pirates« herausgab und der von ihm beeinflußte Maler Newell Convers Wyeth 1911 eine Neuausgabe von Stevensons »Schatzinsel« (»Treasure Island«) mit zahlreichen Abbildungen illustrierte. In ihren farbigen, plastischen Bildern gelang es den beiden amerikanischen Malern und Illustratoren einen visuellen Rahmen zu schaffen, in den der Betrachter seine Abenteuerfantasien einer untergegangenen Welt maritimer Haudegen und Draufgänger hineinprojizieren konnte. Gerade durch die eigentümliche Mischung aus Realismus und Romantik wurde eine ikonische Verdichtung höchster Intensität erzeugt. Das führte dazu, dass die darin transportierten Motive breit rezipiert wurden und sich rasch zu Stereotypen verfestigten. Ihre mediale Vermittlung und Verarbeitung in Literatur, Film, Comics und Computerspielen verankerte sie so sehr im kollektiven Bildgedächtnis der westlich-europäischen Kultur, dass sie daraus wohl auch künftig nicht wegzudenken sind.

**Willliam Kidd beim Vergraben einer Schatztruhe. Howard Pyle (1903)**

**Papageien**

Der plappernde Papagei auf der Piratenschulter – manche Stereotypen sind der Realität durchaus näher, als man zunächst vermuten mag. Wer kennt ihn nicht, Captain Flint, der angeblich 200 Jahre alte bunte Tropenvogel, den Stevensons Piratenkoch John Silver auf dem Schiff *Hispaniola* in seiner Kombüse hielt. Tatsächlich waren Aras, Loros und Kakadus im 17. und 18. Jahrhundert bei friedlichen wie räuberischen Seeleuten sehr beliebte Andenken, die sie von Reisen aus tropischen Gefilden mitbrachten. Auf langen Seefahrten waren die farbigen Maskottchen, denen man das Sprechen beibringen konnte, eine willkommene Abwechslung im tristen Grau der täglichen Schiffsroutine. Nicht zuletzt konnten sie als eine Art »Notgroschen« dienen. Blieb die Beutefahrt erfolglos oder war der Raubgewinn bereits vollständig durchgebracht, ließ sich mit dem Verkauf der exotischen Begleiter in Europa immerhin noch ein gutes Geld machen.

Man muss nicht in die ferne Karibik schweifen, auch in den eigenen Gefilden stößt man rasch auf Seeräuber als Superstars. Sicherlich ist Klaus Störtebeker der bis heute unangefochtene »König des Piratenpop« in Deutschland. Unzählige Male ist der legendäre Vitalienbrüder-Kapitän in Gedichten und Liedern, im Roman und auf der Bühne, in Kinderbüchern wie im Film dargestellt worden. Aber wie hat der vermutlich 1401 in Hamburg hingerichtete Nord- und Ostseeräuber wirklich ausgesehen?

**Störtebekers Gesicht**

Stars brauchen ein Gesicht, das gilt ebenso für Piratenstars. Lange Zeit glaubte man, auf einer Radierung von 1515 eine frühe Darstellung Störtebekers vor Augen zu haben. Tatsächlich aber musste hier ein Porträt von Kunz von Rosen, dem Hofnarr Kaiser Maximilians I., herhalten, das der Nürnberger Kunsthändler David Funck 1682 in Ermangelung eines tatsächlichen Porträts als Konterfei von »Claus Stortzenbecher« ausgab und erfolgreich vermarktete. Was wären

Kultfiguren ohne Devotionalien und Reliquien? Im vorliegenden Fall musste es natürlich ein Trinkgefäß sein, denn der Sage nach soll »Stürz den Becher« seinen Namen seiner angeblichen Trinkfestigkeit zu verdanken haben. Ob die Geißel der Hanse wirklich einen Krug mit Bier oder Wein jedes Mal in einem einzigen Schluck leer trank, mag dahingestellt sein. Jedenfalls handelt es sich bei dem so genannten »Störtebeker-Pokal«, wie er heute im Museum für Hamburgische Geschichte zu sehen ist, nicht um das originale Trinkgefäß des piratischen Trunkenboldes,

**»Claus Stortzenbecher der Berrühmte Seeraüber«, anonymer Kupferstich von 1696, Nachdruck einer Radierung von 1515, die David Funck 1682 zum Porträt des Nord- und Ostseepiratens erklärt hatte.**

sondern um einen silbernen Prunkbecher der Hamburger Schiffergesellschaft aus der Mitte des 17. Jahrhunderts.

Die Frage nach Störtebekers Aussehen bleibt also unbeantwortet. Doch immerhin gelang es 2003 mit Hilfe modernster Kriminaltechnik, die Gesichtszüge eines um 1400 auf dem Hamburger Grasbrook exekutierten Verbrechers anhand eines auf einen Pfahl genagelten Schädels plastisch zu rekonstruieren.

# »Warum sind Piratenfilme so erfolgreich?«

## Das romantische Bild des Piraten

**Vor knapp 100 Jahren: die ersten Piratenfilme**

Als die Bilder laufen lernten, wurden auch die bei Pyle und Wyeth nachweislichen Imaginationen piratischer Lebenswelten auf der Leinwand zu neuem Leben erweckt. Mit »Pirate Gold« von 1913 beginnt der lange Siegeszug des Piratenfilms – quasi als Subgenre des Mantel- und Degenfilms –, der bereits 1926 mit Douglas Fairbanks im sehr frühen Farbfilm »The Black Pirate« einen ersten Höhepunkt erreicht. In unbekümmerter Männlichkeit, die nicht nur das Herz der weiblichen Hauptrolle im Sturm erobert, springt, hangelt und schwingt sich Fairbanks mit eleganter Leichtigkeit durch die wackelige Kulissentakelage und lässt Hollywoods Piratenfregatte zu einem gigantischen Turngerät werden. Spätestens seit der nächsten Schauspielergeneration, als Errol Flynn begann, sich zum neuen piratischen Trapezkünstler emporzuschwingen, gehörte ein weiteres Element zum Standardrepertoire künftiger Leinwandspektakel herz- und halsbrecherischer Piratenabenteuer: Stolze spanische Hitzköpfe verlieren nicht nur ihre Goldgaleone an kühle englische Edelpiraten, sondern obendrein auch noch die an Bord befindliche attraktive adelige Spaniern, meist zugleich die Nichte oder Tochter eines der im Duell schmachvoll besiegten Hitzköpfe.

Zurückprojiziert werden solche Dramen meist in den historischen Kontext des spanisch-englischen Dauerkonfliktes in der westindischen Antillenwelt; ein Konflikt, der mit John Hawkins und Francis Drake unter Elisabeth I. begonnen hatte und sich bis ins ausgehende 17. Jahrhundert hinzog. Doch in dieser Zeitspanne gab es keineswegs eine so klare Rollenverteilung zwischen piratischen Angreifern und potenziellen Beuteopfern, wie es die Hollywoodfilme suggerieren. Nicht nur Engländer und andere Nicht-Iberer, sondern ebenso die Spanier selbst beteiligten sich eifrig am allgemeinen Kaperkrieg vom Südpazifik bis zum Nordatlantik. Einer der aktivsten spanischen Korsaren dieser Zeit war Juan Corso, der vor der Küste von Honduras immer wieder französische und englische Schiffe überfiel – und dies sogar noch viele Jahre nach dem spanisch-englischen Frieden von 1670. Selbst nach den hitzigen Protesten von Thomas Lynch, dem Gouverneur von Jamaika, beim kubanischen Gouverneur im April 1683 bewahrte Corso kühlen Kopf und führte seine Beutefahrten gegen englische Schiffe fort.

Im 1940 gedrehten Film »Sea Hawk«, der im deutschen Kino unter dem Titel »Der Herr der sieben Meere« ausgestrahlt wurde, hatte der spanisch-englische Gegensatz noch einen anderen Hintersinn. Dass es Errol Flynn in der Rolle des beherzten Freibeuters gelang, seine Mannschaft aus den Händen der Spanier zu befreien und England im letzten Augenblick vor Spaniens Überfall zu retten, sollte zugleich den bedrängten

**Klassiker**

Briten Mut machen, sich gegen Nazideutschland und dessen Luftangriffe zu verteidigen. Indes war in den Nachkriegsjahren die Zeit gekommen, den Piratenfilmen auch den Weg ins Kinderzimmer zu bahnen, was vor allem mit der 1953 produzierten Disney-Zeichentrickverfilmung von Peter Pan und Kapitän Hook mühelos gelang. Inzwischen hatte sich der Piratenfilmstoff so sehr klischeehaft vereinfacht, dass der ein Jahr zuvor aufwendig gedrehte und spektakulär inszenierte Leinwandstreifen »Der rote Korsar« (»The Crimson Pirate«), in dem der immer lächelnde Burt Lancaster als ehemaliger Zirkusartist seine Fähigkeiten voll entfalten konnte, mit seinen vielen humoristischen Einlagen fast unfreiwillig in eine Parodie umgekippt wäre.

**Die Grenzen des Genres**
Ab den frühen 1960er Jahren hangeln sich die Seeräuberhelden mit ihrem Dolch im Mund von Film zu Film immer weiter hinunter bis in die Niederungen zahlreicher B-Movies aus Italien oder aufwendigen europäischen Koproduktionen. 1986 dreht Roman Polański im tunesischen Mittelmeer seinen Film »Piraten«, der noch einmal alle klassischen Klischees bedient – von der Goldkette über die schuppige Zottelfrisur bis zum Holzbein. Walter Matthau in der Rolle des schrulligen Captain Red erscheint darin wie ein verkaterter Seemann, der nach einer rauschenden Karnevalsparty immer noch in seinem Piratenkostüm herumschlappt. Im Unterschied zu früheren Filmen über Piratinnen wie »Buccaneer's Girl« (1950) beginnen sich in »Die Piratenbraut« von 1995 die starren Geschlechtergrenzen

DER PIRAT ALS POPSTAR

aufzulösen. Geena Davis in der Rolle der Piraten-tochter Morgan Adams' ist selbstbewusst, nimmt sich was sie will, hat eigene sexuelle Wünsche und braucht für ihre Lust auf Freiheit und Aben-teuer nicht wie ihre Vorgängerinnen aus den 1950er Jahren am Schluss den verdienten Lein-wandtod sterben.

Es muss nicht immer Karibik sein. In den Asterix-Comicbänden erscheinen die antiken Mittelmeerpiraten aus Cäsars Zeiten noch einmal im alten Glanz, auch wenn sie sich – meist wenig ruhmvoll – am liebsten gleich selbst versenken, sobald sie im Krähennest die »Gaa ..., die Gaga ..., die Gallier!« erblicken. Doch selbst deren Piraten-kapitän scheint ohne die obligatorische Augen-klappe nicht auskommen zu können. Derweil kündigt sich mit der Hollywood-Trilogie »Pirates of the Caribbean« eine Renaissance des großen Piratenkinos an. Dabei ist es nicht nur das kau-zige Gebaren Johnny Depps als Jack Sparrow (sorry, *Captain* Jack Sparrow), sondern auch die durch Special Effects gerahmte Verbindung zum Fantasiefilm, die dem traditionellen Piratengenre zu neuen Ehren verhilft.

**»Der Fluch der Karibik«**

Im vorerst letzten Teil – ein vierter ist bereits an-gekündigt – von »Pirates of the Caribbean« wird etwas imaginiert, was es in der realen Geschichte der Piraterie nie gegeben hat: den weltweiten Zu-sammenschluss von Piratengruppen. Als Grenz- und Gegenfigur einer ökonomisch globalisierten Welt ist der Leinwandpirat nunmehr seinerseits zum »Global Player« geworden. Im transnationalen wie multikulturellen »Brethen Court« darf natürlich auch ein chinesischer Pirat nicht fehlen. In der Figur von Captain Sao Feng, dem Piratenfürsten von Singapore, begegnet uns auf der Leinwand der legendäre Piratenherrscher Zhang Bao (auch: Chang Pao) wieder, der zusammen mit Zheng Yi Sao ab 1807 den berüchtigten Piratenbund von Guangdong angeführt hatte. Wenn in Gestalt der East India Company das international agierende kapitalistische Establishment assoziiert wird, verschmelzen Piraten der Karibik und Seeräuber des fernen Osten im Blockbuster-Format zu Globalisierungsgegnern in bunten Hollywoodkostümen. Doch während noch der Ärgste aller Menschenfeinde auf diese Weise als Projektionsfigur von Abenteuer- und Ausstiegsfantasien in der Popcorn-Traumwelt des Kinos sein Comeback feiert, beginnen zu selben Zeit, von der Weltöffentlichkeit zunächst kaum wahrgenommen, ostafrikanische Fischer ganz unspektakulär und unbekümmert, in die Fußstapfen der einstigen Schrecken der sieben Meere zu treten. Ob nun bald Schlauchboot und Maschinengewehr der Augenklappe und dem Dreimaster den Rang als kollektive Pirateriesymbole ablaufen, wird erst die Zukunft weisen.

# Piraterie heute

## »Warum nimmt die Piraterie wieder zu?«

### Wie Piraterie bekämpft wird und warum es sie immer noch gibt

Eine hohe Dunkelziffer wird sicherlich immer bleiben; da aber das International Maritime Bureau (IMB) als Teil der International Maritime Organisation (IMO) weltweit systematisch Daten zu Gewaltangriffen auf See erfasst, liegen ab etwa 1994 Zahlen und Fakten vor, aus denen sich einige Trends herauslesen lassen. Zu erkennen ist zunächst ein deutlicher Anstieg von Piratenattacken seit den 1990er Jahren. Von 1994 bis 2000 steigt die Gesamtzahl der Angriffe von 90 auf 471, sinkt bis 2006 auf 239, um dann wieder 2008 auf 293 anzusteigen, wobei vor allem im letzten Quartal eine drastische Zunahme um 94 zu verzeichnen ist. Ferner kristallisierten sich in dieser Periode deutlich bestimmte Hochrisikogebiete (»Hot-Spots«) der Piraterie heraus. Hierzu zählen heute die indonesischen und philippinischen Küstergewässer zusammen mit der Malakka- und Singapurstraße, dann die Gewässer um In-

**Zunahme der Überfälle**

dien, Bangladesh und Sri Lanka sowie die Ost-
küste Afrikas vom Golf von Aden über Somalia
bis nach Tansania und schließlich an der Westküste Afrikas der Golf von Guinea und die Küstengewässer Nigerias. Drittens kann festgehalten
werden, dass das Ausmaß der Gewalt und die Anzahl getöteter Personen zugenommen haben und
dass Piraten sich immer mehr auf Geiselnahmen
spezialisieren.

**Probleme des Völkerrechts** Der Anstieg piratischer Aktivitäten in der jüng-
sten Zeit ist sicherlich im Zusammenhang mit der
Zunahme nichtstaatlicher Gewalt insgesamt zu
betrachten. Mit dem Ende des Kalten Krieges, der
Verstärkung globaler Wirtschaftsverflechtung
und den damit einhergehenden strukturellen Si-
cherheitslücken der internationalen Transport-
schifffahrt, der Erosion staatlicher Gewalt (etwa
in Afrika) und der ungenügenden Seeregulierung
im Völkerrecht haben sich nichtstaatliche gewalt-
tätige Akteure und Bewegungen international
leichter entfalten können. Das gilt für den maritimen Raub ebenso wie für den maritimen Terrorismus, mafiöse Verbindungen oder Schmuggler-
ringe. Hinzu kommt, dass sich diese Phänomene
nicht immer klar voneinander trennen lassen. So
etwa wird die Unterscheidung zwischen Piraterie
und Terror auf See, wie sie vor allem in Bezug auf
das im Oktober 1985 von palästinensischen Terroristen überfallene Kreuzfahrtschiff »Achille
Lauro« gemacht wurde, angesichts ernstzuneh-
mender Hinweise auf verdeckte Kooperationen
zwischen Piraten und islamischen Terroristen am
Horn von Afrika zunehmend problematischer.

Was durch die Somaliapiraterie virulent wurde, sind vor allem Probleme und Widersprüche in der globalen Rechtsordnung des Völkerrechts. Gleich eine ganze Reihe von problematischen Aspekten ist dabei zum Vorschein gekommen, angefangen bei der schwierigen Differenzierung zwischen ökonomischer und politischer Piraterie und maritimem Terrorismus. Trotz des klaren Grundsatzes, dass Piraten auf hoher See dem staatlichen Zugriff aller Staaten weltweit ausgesetzt sind, stellen sich im Anschluss an diesen Grundsatz schwierige Fragen. Obliegt die Verfolgung von Seeräubern der Polizei oder dem Militär? Vor welchem Gericht können gefangene Piraten angeklagt werden? Welchen Rechtsanspruch haben die Gefangenen selbst, können etwa somalische Schlauchbooträuber vor einem deutschen Gericht Asyl beantragen? Verständlich sind daher die immer lauter werdenden Forderungen nach einem internationalen Strafgerichtshof, der für die Rechtsprechung über maritime Verbrechen, allen voran der Piraterie, auf hoher See zuständig ist.

Weitere Unstimmigkeiten kommen hinzu. Während Piraten aus den territorialen Gewässern eines Küstenstaates durch die zuständigen Einsatzkräfte des jeweiligen Küstenstaates auch in internationale Gewässer verfolgt werden dürfen, gilt dieses Prinzip der unmittelbaren Nacheile nicht in umgekehrter Richtung. Internationale Piratenjäger sind verpflichtet, ihre Verfolgungsjagd an der Grenze zu nationalen Gewässern zu stoppen und können diese nur mit einer Geneh-

**UN-Maßnahmen**

migung des entsprechenden Küstenstaates fort-
setzen, die im Fall eines akuten Antipirateinein-
satzes sicher zu spät käme. Um dieses Problem
zu umgehen, hat der UN-Sicherheitsrat im Sommer 2008 per Resolution beschlossen, das internationale Zugriffsrecht auf hoher See auch auf
die somalischen Hoheitsgewässer auszudehnen.
Doch mag eine solche Aufhebung des Rechts-
grundsatzes, der jedem Küstenstaat die alleinige
souveräne Verfügungsgewalt über Territorial-
gewässer innerhalb einer 12-Seemeilen-Zone zu-
gesteht, zwar für das bürgerkriegsgeschüttelte
Somalia, das nicht in der Lage ist, diese Gewalt
auszuüben, vertretbar sein, so könnte jedoch
eine solche Aufhebung künftig in anderen
Zusammenhängen für politische Zwecke miss-
braucht werden.

Ferner ist auch die im UN-Seerechtsübereinkommen festgelegte Aufforderung an die Staaten-
gemeinschaft zur Kooperation bei der Piraterie-
bekämpfung eher unpräzise. Während eine
Verpflichtung besteht, nicht mit Seeräubern zusammenzuarbeiten beziehungsweise sie nicht
zu unterstützen, gibt es jedoch keine Verpflichtung der Staaten, Akte der Piraterie in internationalen Gewässern zu verfolgen. Umgekehrt
zeigt die Praxis, dass schwache Staaten wie Ma-
laysia oder Somalia nicht nur innerhalb ihrer
Küstengewässer keine adäquate Kontrolle gewährleisten können, sondern ebenso wenig ein
Interesse haben, gegen Piraten in ihren Küsten-
gewässern vorzugehen.

Schließlich kann eine anhaltende Fokussierung der politischen wie massenmedialen Aufmerksamkeit auf die Somaliapiraterie dazu führen, dass andere Hochrisikogebiete der Piraterie aus dem Blick geraten und in ihrer Gefährlichkeit unterschätzt werden. Denn noch immer ist nicht das Horn von Afrika, sondern die Straße von Malakka, welche als Nadelöhr den Indischen Ozean mit dem Südchinesischen Meer verbindet und einer der wichtigsten Wasserstraßen des Welthandels darstellt, die Region mit den weltweit meisten Seeräuberangriffen. Und auch an der Westküste Afrikas, im Golf von Guinea, kommt es immer wieder zu Entführungen von Tankern oder Plünderungen von Schiffen, zu Überfällen auf Ölplattformen sowie selbst auf kleine Küstenstädte, vor allem im unübersichtlichen Grenzgebiet zwischen Nigeria und Kamerun.

**Brennpunkte internationaler Piraterie**

Ein Glas kann bekanntlich halb voll oder halb leer sein, je nach Perspektive. Bis Ende Juni 2009 haben sich die Piratenüberfälle vor der Küste Somalias und im Golf von Aden seit Anlaufen der Militäroperation »Atalanta« halbiert. Ein beachtlicher Erfolg, das heißt aber zugleich auch, dass jede zweite Seeräuberattacke noch immer gelingt. Mit Gewalt allein ist diesem Phänomen nicht beizukommen. Hilfe zur Selbsthilfe und Unterstützung beim Wiederaufbau staatlicher Strukturen im bürgerkriegszerrütteten Somalia sind ebenso wichtig wie die Verfolgung und Bestrafung internationaler Fangflotten, die immer wieder in somalische oder kenianische Hoheits-

**Somaliapiraten**

gewässer eindringen und dort im großen Stil illegalen Fischfang betreiben. Wer der Piraterie am Horn von Afrika Einhalt gebieten will, der muss dafür sorgen, dass nichtsomalische Piratenfischer genauso bestraft werden wie die zu Piraten gewordenen somalischen Fischer.

# »Sind Raubkopierer und Internetpiraten die Seeräuber der Globalisierung?«

## Von virtuellen und politischen Freibeutern

Traue keinem, der jenseits des digitalen Grabens, also vor 1980, geboren ist. So könnte man in Abwandlung eines altbekannten Spruchs der 68er-Bewegung das Lebensgefühl derjenigen jungen Leute beschreiben, die heute für eine Gesellschaft eintreten, in der das bislang illegale Kopieren von elektronischen Daten – Musik, Filme, Bilder, Tondokumente und Texte – erlaubt sein soll. Internet-, Software- und Datenpiraterie werden zumeist als Varianten der klassischen Produktpiraterie behandelt. Marken- oder Produktpiraten betreiben Geschäfte mit Waren, die Originalmarken (etwa »Rolex«-Uhren, »Nike«-Sweatshirts u. v. m.) imitieren und zu einem günstigeren Preis als die Originale angeboten werden. Auch wenn immer wieder die Analogie gezogen wird, sie würden geschütztes Wissen und Produktionstechniken rauben, so wie Piraten Schiffe entern und fremden Besitz an sich reißen würden, so geht es doch bei der Produktpiraterie streng genommen nicht um Raub durch Gewalt oder Gewaltandrohung, sondern um Diebstahl in der Regel ohne Gewalt oder ihre Androhung. Schon die humanistischen Juristen haben mit Bezug auf das römische Recht diese Differenz betont, wie etwa 1553 der Rechtsgelehrte Petrus Santerna (Pedro de Santarém).

**Produktpiraterie**

Santerna unterschied nämlich zwischen der Heimtücke der Diebe, die nachts und heimlich stehlen würden, und der Heimtücke der Piraten, die darin bestehe, dass sie mit Gewalt vorgingen und ihre Opfer durch den überraschenden Ansturm einer großen Anzahl von Personen überfielen. Wie Diebe die Nacht so nutzten Piraten zwar das Meer, um sich zu verbergen. Aber sobald sie jemanden entdeckten, würden sie ihre Verborgenheit aufgeben und mit Gewalt Schiffe plündern. Größer als die der Diebe sei ihre Kühnheit, weshalb Santerna sie nicht zu den Dieben rechnete. Es sei nämlich einzuräumen, dass der Räuber Dieb genannt werden könne, sobald zuerst verborgen und dann einigermaßen ohne Gewalt gestohlen werde; nicht jedoch könne der Dieb, verborgen und ohne Gewalt stehlend, Räuber genannt werden.

**Diebstahl oder Freibeutertum?** Übertragen auf die moderne Problematik, könnte man daraus ableiten, dass einerseits der Vorwurf, mit dem Begriff der Piraterie ginge eine übertriebene Stigmatisierung einher, nicht ganz zu Unrecht erhoben wird, andererseits die Produktpiraten sich selbst keiner freibeuterischen Kühnheit rühmen dürfen. Wie auch immer, in einem unterscheiden sich klassische Produktpiraterie und Softwarepiraterie. Im letzteren Fall werden Produkte nicht gefälscht oder nachgeahmt, sondern identisch reproduziert; die CD- oder DVD-Kopie ist dem Original damit ebenso vollkommen gleichwertig wie die aus dem Internet heruntergeladenen Musik- oder Filmdatei gegenüber den entsprechenden zum Download bereitgestellten Dateien. Während die einen das Ende der Tonträgerkultur beklagen, etwa das Verschwinden der Schallplattencover-Ästhetik, träumen andere von einer Zukunft uneingeschränkter Verfügbarkeit von Musik oder Filmen.

Als Wähler sollen vor allem diejenigen mobilisiert werden, die als Kind mit Playmobil-Piraten gespielt haben. Immerhin gelang es der »Piratenpartei« jüngst ins Europaparlament einzuziehen. In Deutschland schaffte sie nur 0,8 Prozent, in Schweden hingegen 7,1 Prozent. Transparenz, Patentaufhebung für Softwareprodukte und informationelle Selbstbestimmung sind die Schlagworte, mit denen ihre Anhänger die Realisierung einer freien Wissensgesellschaft fordern. Man kann die gegenwärtige Entwicklung ganz unterschiedlich bewerten, entweder als Verlust liberaler Grundprinzipien wie der Schutz des Eigentums und die damit verbundenen Verwertungsrechte. Oder, genau im Gegenteil, als konsequente Fortführung der Umsetzung liberaler Grundprinzipien, wie sie im späten 18. Jahrhundert mit der Aufhebung von Monopolen und Kartellen begonnen hat, zu der, wie wir gesehen haben, Piraten, Freibeuter und Korsaren ungewollt ihren eigenen Beitrag geleistet haben. – Nicht alles, aber vieles ist im Fall von Piraterie eben doch eine Sache der Perspektive.

**Piratenparteien**

# Anhang

## Steckbriefe
## berühmter Piratinnen und Piraten

Als der Ire **George Cusack** im Frühjahr und Sommer 1674 mit manipulierten Kaperdokumenten aus Frankreich in der Nordsee englische, holländische, dänische und schwedische Schiffe überfällt, versenden die englischen Admiralitätsbehörden Steckbriefe des Gesuchten an alle größeren Häfen der Anrainerstaaten von Ärmelkanal und Nordsee. »Most wanted men« – nur in den seltensten Fällen liegen so detaillierte biografische Informationen wie bei Cusack, einem der in Europa meistgesuchten internationalen Seeverbrecher in der zweiten Hälfte des 17. Jahrhunderts, vor. Dennoch ist selbst in seinem Fall noch nicht einmal ein gesichertes Geburtsdatum überliefert. Womit wir wieder beim Anfang sind. Im Internet leicht zugängliche Biogramme historischer Piraten und Piratinnen täuschen darüber hinweg, dass viele der oft unhinterfragt wiedergegebenen Sachverhalte auf äußerst problematischen Überlieferungszusammenhängen beruhen. Statt einer erneuten Wiedergabe unzuverlässiger

Informationen wird im Folgenden ein biografischer Streifzug durch die Pirateriehistorie unternommen.

Wie unsicher die Quellenlage ist, zeigt sich bereits beim heute berühmtesten deutschen Piraten. Nur wenig Greifbares liegt vor, so dass man kaum mehr sagen kann, als dass es unter den Vitalienbrüdern gegen Ende des 14. Jahrhunderts einen Hauptmann gegeben hat, der **Störtebeker** hieß. Hingegen weisen zeitgenössische Quellen aus dem Umfeld der Hanse darauf hin, dass nicht Störtebeker, sondern ein gewisser **Gödeke Michels** der wesentlich bedeutendere Vitalienpirat gewesen sein muss. Erst in der Mitte des 16. Jahrhunderts einsetzenden Legendenbildung tritt Störtebeker in den Vordergrund, wahrscheinlich indem dabei Überlieferungen zur Person Michels auf ihn übertragen und mythisch überhöht wurden. Zu den bekanntesten muslimischen Mittelmeerkorsaren im 16. Jahrhundert zählten **Khair ad-Din Barbarossa** und **Turgut** (oder **Dragut**) **Reis**. Beide werden bei Jean Bodin, Mitbegründer der modernen Staatstheorie, in den »Les six livres de la République« von 1576 erwähnt. Dass der eine zum Pascha und der andere zum Admiral von Algier ernannt wurde, diente Bodin als Beispiel dafür, wie man auf Seiten politischer Herrscher immer wieder gerade die am meisten gefürchteten Räuber und Piraten in offizielle Dienste aufnahm, um auf solche Weise die Fähigsten zur Verteidigung des eigenen Reiches und zur Bekämpfung der Seeräuberei zu gewinnen.

In ähnlicher Weise vollzog sich auch in England die Karriere des Gentlemenseeräubers **Francis Drake** vom »Pirat der Königin« zum Admiral von Elisabeth I. im Krieg gegen Spanien. 1581 ließ sie Drake zum Ritter schlagen, während er auf Seiten der gegnerischen Habsburger wegen seiner Gefährlichkeit und in Verballhornung seines Namens als »englischer Dragon« bezeichnet wurde. Als Drake am 28. Januar 1596 an der Ruhr vor Puerto Bello starb, ging auch die große Zeit der elisabethanischen »Sea-Dogs« zu Ende. Die in der Rechtsgeschichte wohl folgenreichste Kaperung erfolgte durch den holländischen Kaperadmiral **Jakob van Heemskerk**, dem es am 25. Februar 1603 gelungen war, das portugiesische Schiff *Santa Catarina* in der Meeresenge von Singapur aufzubringen. Um jene Beutenahme juristisch zu legitimieren, verfasste der junge Anwalt Hugo Grotius eine Rechtfertigungsschrift für die holländische Ostindienkompanie. Auszüge daraus wurden 1609 unter dem Titel »Mare Liberum« publiziert; das kleine Traktat gilt bis heute als eines der Gründungsdokumente des modernen Völkerrechts. Einem weiteren Holländer, **Piet Heyn**, sollte es im September 1628 gelingen, große Teile der spanischen Silberflotte in der Nähe von Havanna zu kapern. Gewichtiger als der Millionengewinn war der psychologische Effekt. Ausgerechnet die Vereinigten Provinzen (die heutigen Niederlande), die sich von den spanischen Habsburgern abgespalten hatten, erwiesen sich als in der Lage, die Iberer im Herzen ihres Überseeimperiums zu treffen.

Der wohl bekannteste Bukanier ist **Henry Morgan** gewesen, der 1671 von der Landseite her Panama überfiel und plünderte, die zu jener Zeit größte und reichste Niederlassung der Spanier in Amerika. Nach dem Frieden mit Madrid von den Engländern verhaftet, später begnadigt, kehrte Morgan als Vizegouverneur und Admiralitätsrichter nach Jamaika zurück. Morgan ist nicht nur ein sehr gutes Beispiel dafür, dass manche Freibeuter es verstanden, ihren Beuteertrag gewinnbringend in der blühenden Zuckerrohrwirtschaft zu investieren, sondern ebenso für einen ehemaligen Piraten, der als Seerichter, seine einstigen Mitstreiter gnadenlos verfolgen ließ.

In der heutigen Vorstellung von der Karibik-Seeräuberei in der Zeit ihrer Hochblüte bleibt fast vollständig ausgeblendet, dass auch die Spanier den Engländern und Franzosen in Sachen Freibeuterei in nichts nachstanden. Der am meisten gefürchtete spanische Korsar im Antillenraum war **Juan Corso**. 1680 überfiel er englische Einheiten in Laguna de Terminos. Bis er 1685 im Mai mit seinem Schiff in einen Sturm geriet und unterging, galt er bei den französischen und englischen Kolonialisten in der Karibik als der gefährlichste spanische Kaperfahrer.

Während **Thomas Tew** und **Henry Every** auf der Piratenrunde erfolgreiche Beuteunternehmungen mit teils unermesslichen Reichtümern gelangen, kann man **William Kidd** getrost als den unglücklichsten Verlierer der um 1700 von Westindien ausgehenden Piraterie im Indischen

Ozean bezeichnen. Als offizieller Piratenjäger der englischen Regierung ins Arabische Meer geschickt, hoffte Kidd, seine Raubzüge später mit seinen Kapervollmachten legitimieren zu können. Doch musste er bei seiner Rückkehr nach New York feststellen, dass ihn seine politischen Hintermänner hatten fallen lassen. Er fand nach einem spektakulären Prozess als Bauernopfer der englischen Ostindienpolitik am 21. Mai 1701 in London seinen Tod am Galgen. Nicht die Übertretung seiner Kapervollmachten war ihm zum Verhängnis geworden, sondern die Gefährdung der wirtschaftlichen Interessen Englands gegenüber dem indischen Mogulreich.

Zu den legendärsten Seeräubern im goldenen Zeitalter der Piraterie zählen zweifellos **Edward Teach (»Blackbeard«) und Bartholemew Roberts (»Black Bart«)**. Beide starben nicht am Galgen, sondern im Gefecht. Während Teach in einem spektakulären Kampf mit der Royal Navy im Mai 1718 an der Küste South Carolinas getötet wurde, erlag Roberts seinen Verletzungen, als das englische Kriegsschiff *Swallow* im Februar 1722 sein im Golf von Guinea vor Anker liegendes Flaggschiff, die *Royal Fortune*, angriff. Da die meisten Informationen zu den beiden aus der »General History« stammen, bleiben viele Angaben fragwürdig. Doch scheint die ihnen unterstellte Tollkühn- und Dreistigkeit nicht nur eine Legende zu sein. In den Londoner National Archives befindet sich die handschriftliche Kopie eines Auszugs aus einem Brief Bartholomew Roberts', vermutlich aus dem Jahre 1720, in dem er, auf dem Höhepunkt seiner Macht als erfolgreicher Piratenkapitän stehend, dem jamaikanischen Gouverneur in höhnischem Ton schrieb, er würde ihn bei Gelegenheit gerne einmal persönlich treffen, um mit ihm »a glass of wine« zu trinken.

Etwa zur selben Zeit kam es zu einem Skandal auf Jamaika, als im Prozess gegen den Piraten **Jack Rackham** (»**Calico Jack**«) zwei seiner Mannschaft sich als schwangere Frauen zu erkennen gaben. Während **Mary Read** in der »General History« als ehrenhafte und treue Frau dargestellt wird, die aus armen Verhältnissen stammend von Kindesbeinen an gezwungen war, sich in Jungen- bzw. Männerkleider durchzuschlagen, gilt **Anne Bonny**, aus gutem Hause stammend, als die aggressivere und unmoralischere der beiden. Read starb noch im Gefängnis auf Jamaika, das Schicksal Bonnys gilt als ungewiss. Ebenso ungewiss wird wohl auch bleiben müssen, was an den Darstellungen in der »General History« stimmt und was nicht stimmt. Dass die große Zeit der von Neufundland bis nach Indonesien reichenden, teils miteinander vernetzten Piraterieaktivitäten europäischer und westindischer Draufgänger mit Teach und Roberts, mit Rackham, Bonny und Read endgültig vorbei war, lässt sich jedoch mit Gewissheit sagen.

# Ausgewählte Literatur

**Andrews, Kenneth R.,** Trade, Plunder, and Settlement: Maritime Enterprise and the Genesis of the British Empire, 1480–1630, New York 1984.

**Archenholtz, Johann Wilhelm von,** Die Geschichte der Flibustier (1803), Berlin 1991.

**Bialuschewski, Arne,** Piratenleben. Die abenteuerlichen Fahrten des Seeräubers Richard Sievers, Frankfurt/M., New York 1997.

**Bohn, Robert,** Die Piraten, München, 3. Auflage 2007.

**Böni, Franz,** Piraterie und Marktwirtschaft. Beitrag der Piraterie im westlichen Mittelmeer zur Schaffung einer Marktwirtschaft und Entwicklung späterer Wettbewerbsgründungen?, Konstanz 2008.

**[Captain Charles Johnson],** General history of the Robberies and Murders of the most notorious Pyrates, 1724; Defoe, Daniel, A General History of the Pyrates, hrsg. v. Manuel Schonhorn, Mineola, N. Y. 1999; dt. Umfassende Geschichte der Räubereien und Mordtaten der berüchtigten Piraten, Frankfurt/M. 1982.

**Cordingly, David (Hg.),** Piraten. Furcht und Schrecken auf den Weltmeeren, Köln 1999.

**Earle, Peter,** The Pirate Wars, London 2004.

**Exquemelin, Alexandre Olivier,** Das Piratenbuch von 1678. Nach alten Übersetzungen des Buches »Die Amerikanischen Seeräuber«, neu bearbeitet von Reinhard Federmann, Stuttgart u. a. 1983.

**Hill, Christopher,** Radical pirates?, in: Margaret Jacob / James Jacob (Hg.), The Origins of Anglo-American radicalism, London u. a. 1984, S. 17–32.

**Hobsbawm, Eric J.,** Die Banditen (1969), Frankfurt/M. 1972.

**Kammler, Andreas,** Piraten! Das Handbuch der unbekannten Fakten und schönsten Anekdoten, Frankfurt/M. 2008.

**Kempe, Michael,** Seeraub als Broterwerb: Bewaffnete Auseinandersetzungen zwischen Freibeutern und Kauffahrern aus völkerrechtlicher Perspektive, in: Eberhard Schmitt (Hg.), Indienfahrer 2. Seeleute und Leben an Bord im Ersten Kolonialzeitalter (15. bis 18. Jahrhundert), Wiesbaden 2008, S. 387–412.

**Kritzler, Eduard,** Jewish Pirates of the Caribbean, New York 2008.

**Puhle, Matthias,** Die Vitalienbrüder. Klaus Störtebeker und die Seeräuber der Hansezeit, Frankfurt/M., New York, 2. Auflage 1994.

**Rediker, Marcus,** Villains of All Nations. Atlantic Pirates in the Golden Age, Boston 2004.

**Ritchie, Robert C.,** Captain Kidd and the War against the Pirates, Cambridge 1986.

**Roder, Hartmut (Hg.),** Piraten. Die Herren der Sieben Meere, Bremen 2000.

**Souza, Philip de,** Piracy in the Graeco-Roman World, Cambridge 1999.

**Zahedieh, Nuala,** Trade, Plunder, and Economic Development in Early English Jamaica, 1655–89, in: Economic History Review 39/2, 1986, S. 205–222.

# Bildnachweise

**S. 14:** Google Maps / Europa Technologies

**S. 26:** Stackpole Books / Jan Rogoziński, Honor among Thieves. Captain Kidd, Henry Every, and the Pirate Democracy in the Indian Ocean, Mechanicsburg, PA 2000.

**S. 47:** Egmont Verlagsgesellschaften / David Cordingly (Hg.), Piraten. Furcht und Schrecken auf den Weltmeeren, Köln 1999.

**S. 64:** picture alliance / akg

# Wissen, was stimmt

Elmar Theveßen
**Al-Qaida**
Wissen, was stimmt
Band 6107
Ist Osama bin Laden das Zentrum von Al-Qaida? Und welche Gefahren gibt es hierzulande? Elmar Theveßen, der Stellvertretende Chefredakteur des ZDF, klärt auf.

Herbert Scheithauer / Rebecca Bondü
**Amoklauf**
Wissen, was stimmt
Band 5947
Regelmäßig werden wir aufgeschreckt durch Amoktaten, die rätselhaft erscheinen und Fragen aufwerfen. Hier kommen die Antworten: Definition, Verbreitung, Hintergründe und Möglichkeiten der Prävention.

Gerlinde Baumann
**Die Bibel**
Wissen, was stimmt
Band 5955
Ist ein Christ nur, wer sich wörtlich an die Bibel hält? Für Gläubige und Ungläubige: Antworten auf die wichtigsten Fragen zum Bestseller Bibel.

Stefan Deges
**Globalisierung**
Wissen, was stimmt
Band 6054
Globalisierung ist nicht gut oder schlecht an sich – Stefan Deges bringt Chancen und Risiken kurz und prägnant auf den Punkt.

Uli Franz
**Tibet**
Wissen, was stimmt
Band 6037
Die Unruhen in Lhasa und die Proteste weltweit gegen die chinesische Tibet-Politik lenken die Blicke auf ein faszinierendes Land. Übersichtlich und kenntnisreich bietet Uli Franz die wichtigsten Fakten.

**HERDER spektrum**